만화로 아는
인간관계
심리학

MANGA DE WAKARU NINGEN-KANKEI NO SHINRIGAKU
Copyright © 2010 by Pawpaw Poroduction
Original Japanese edition published by softbank Creative Corp.
Korean translation rights arranged with softbank Creative Corp.
through Owls Agency inc. and Kudara co., Ltd.

이 책의 한국어판 저작권은 아울즈 에이전시와 크다라 에이전시를 통하여
소프트뱅크 크리에이티브사와 독점 계약한 봄이아트북스에 있습니다. 저작권법에 의해
한국 내에서 보호를 받는 저작물이므로 무단전재와 무단복제를 금합니다.

만화로 아는
인간관계
심리학

포포 포로덕션 지음 이국명 옮김

만남이 즐거워진다! 고민이 가벼워진다!

시작하는 말

'직장 상사와의 관계가 불편하다.'
'처음 만난 사람과 대화하기가 어렵다.'
'요즘 배우자와 대화를 나누지 않는다.'

우리는 늘 인간관계로 골머리를 앓는다. 특히 가정과 회사처럼 매일 만나는 사람과 갈등을 겪는 경우라면 문제는 더욱 심각하다. 우리는 왜 사람에게 휘둘리고, 또 사람 때문에 고통받는 걸까?

이 책은 인간관계로 고민하는 사람에게 도움을 주고자 인간의 행동 심리와 배경을 설명하고, 문제 해결의 실마리가 될 항목들을 정리했다. 우선 기본 원리는 심리학에 두고, 여기에 뇌 과학과 기타 학문을 참조하여 내용을 보완했다.

먼저 각 장의 내용을 간략히 살펴보자.

서장에서는 '왜 인간관계는 어려운가'라는 관점에서 집단생활이나 인간관계에서 발생하는 갈등에 대해 살펴본다. 실제로 많은 이들이 고민하는 문제를 중심으로 이야기한다.

제1장 인간관계는 첫인상에서 시작된다에서는 첫 만남의 성공적으로 이끄는 좋은 첫인상 만드는 방법을 정리한다. 처음 만나는 사람과 관계 형성하기를 어려워하는 사람이나 낯가림이 심해서 타인과 대화를 잘 못 하는 사람을 위해 몇 가지 방법을 설명한다.

제2장 남에게 사랑받는 대화, 남이 싫어하는 대화에서는 인간관계 강화에 도움을 주는 대화법을 다룬다. 어떤 대화를 하면 좋을지, 잘 듣는 방법은 무엇인지, 어떻게 하면 좋은 반응을 얻을지 등 처음 만나는 사람은 물론이고 주변 지인에게 적용할 수 있는 심리 기법을 정리한다.

제3장 깊이 있는 인간관계를 만드는 심리학적 요소에서는 좋은 인간관계를 만드는 방법을 소개한다. 또한 깊고 친밀한 인간관계를 만들기 위해 알아두어야 할 사항 및 연습 방법도 설명한다.

제4장 무너진 인간관계 개선하기에서는 안타깝게도 관계가 틀어진 사람과 교제를 지속하고 관계를 개선하려면 어떻게 해야 좋을지를 설명한다.

제5장 직장에서 응용할 수 있는 심리학 테크닉에서는 직장 내 인간관계 개선에 유용한 방법과 사람의 마음을 움직이는 협상법 등을 중점적으로 기술한다.

각자 필요한 부분만 확인해도 좋고 맨 처음부터 차례대로 읽어도 좋다.

심리학적으로 접근하면 상대방의 심리 성향이나 행동 경향, 무의식적인 행동 패턴을 파악할 수 있다. 그럼으로써 인간관계 형성 및 개선에 도움이 된다. 또한 뇌과학적 분석을 통해서는 '왜 저렇게 행동하는가' 하는 행동 메커니즘을 유추할 수 있다. 현상과 이유, 두 가지 측면에서 접근해 원만한 인간관계로 한 발 나아가도록 이끌어 준다.

포포 포로덕션

차례

시작하는 말   4

서장 왜 인간관계는 어려운가   13

- 당신은 어떤 타입?   14
- 사람은 왜 집단으로 생활하는가   18
- 인간관계와 심리학   20
- 누구나 인간관계는 어렵다   22
- 어려운 인간관계   24
  - 남에게 말을 걸기가 힘들다   24
  - 친밀한 관계 형성이 어렵다   26
  - 사람과 사람 사이에 갈등이 있다   28

제1장 인간관계는 첫인상에서 시작한다   31

- 만나는 방식이 중요성   32
- 첫인상을 형성하는 메커니즘   34
  - 제1차 첫인상 - 외모   34
  - 제2차 첫인상 - 표정, 시선, 목소리, 말투, 자세, 몸짓   36
  - 제3차 첫인상 - 말하는 내용   38
- 호감 가는 첫인상을 만들기/외모와 분위기   40
  - 항상 외모를 신경 쓰자   40
  - 이미지 목표를 설정하자   42
  - 좋은 첫인상을 주는 헤어스타일   44

- 좋은 첫인상을 주는 옷차림　　46
- 사람이 가장 신경 쓰는 곳은 얼굴　　48
- 간과하기 쉬운 냄새　　50
- 호감을 주는 색깔과 이미지 전략①　　52
- 호감을 주는 색깔과 이미지 전략②　　54

호감 가는 첫인상을 만들기-표정과 시선　　56
- 웃는 얼굴은 최고의 명함이다　　56
- 웃는 얼굴의 효과　　58
- 웃는 얼굴 연습하기　　60
- 상대방을 보는 시간　　62
- 시선에 주의하자　　64

호감 가는 첫인상 만들기-목소리와 말투　　66
- 말하는 속도와 목소리 크기　　66
- 목소리에 신경 쓰자　　68
- 좋은 목소리를 만드는 연습　　70
- 고운 말과 거슬리는 말　　72
- 좋은 관계는 경어로 시작한다　　74

호감 가는 첫인상을 만들기-자세와 태도　　76
- 바른 자세는 신뢰감을 준다　　76
- 남들은 발도 본다　　78
- 상대방과의 적당한 거리를 파악하라　　80

호감 가는 첫인상을 만들기-말하는 내용　　82
- 대화는 '깊이'보다 '다양한 화제'가 중요하다　　82

평소에 다양한 지식을 쌓아두자　　84

호감 가는 첫인상을 만드는 법-총정리　　86

Tip 악수의 힘　　89

제2장 남에게 사랑받는 대화, 남이 싫어하는 대화   91

- 대화의 기본은 예절이다   92
- 처음 만난 사람의 이름을 반드시 기억하자   94
- '말 잘하는 사람'보다 '잘 듣는 사람'이 되자   96
- 상사의 말을 들을 때는 메모하는 습관을 들이자   98
- 대화의 기본자세는 상대방과의 공감   100
- 상대방이 기뻐하는 공감 반응   102
  - 다양한 상황에 맞춰 자주 고개를 끄덕인다   102
  - 크게 소리를 내어 웃자   104
  - 크게 놀라고 크게 감동하자   106
  - 공감 언어 사용하기   108
- 대화가 막힐 때, 이런 질문이 좋다   110
  - 질문으로 침묵을 깨뜨리자   110
  - 질문하는 요령   112
  - 상대방과 관련된 질문과 일반적인 질문   114
- 긍정 언어 커뮤니케이션을 추천한다   116
- 이야기를 센스 있게 마무리하는 사람은 좋은 인상을 준다   118
- 상대방이 싫어하는 대화 방식   120
  - 상대방이 싫어하는 대화①   120
  - 상대방이 싫어하는 대화②   122

제3장 깊이 있는 인간관계를 만드는 심리학적 요소   125

- 실패하지 않는 두 번째 인상   126
- 상대방 '칭찬하기'는 기본   128
- 효과적인 칭찬 방법   130
  - 상대방을 기분 좋게 하는 칭찬①   130
  - 상대방을 기분 좋게 하는 칭찬②   132
  - 상대방을 기분 좋게 하는 칭찬③   134
- 사용하기 좋은 칭찬의 말-외모   136
  - 어떤 말로 칭찬하는 게 좋을까?①   136
  - 어떤 말로 칭찬하는 게 좋을까?②   138

사용하기 좋은 칭찬의 말-내면과 행동					140
- 어떤 말로 칭찬하는 게 좋을까?①					140
- 어떤 말로 칭찬하는 게 좋을까?②					142

효과적인 상대방과의 거리					144

친밀해지려면 우선 마음을 열어야 한다					146

상대방과의 거리를 좁히는 '공감 능력' 연마 방법					148
- 상대방의 생각을 읽지 못하는 사람					148
- 타인의 기분을 파악하는 메커니즘					150
- 공감 능력 향상 트레이닝					152

상대방과의 거리를 좁히는 방법-정리					154

Tip 부탁할 때의 거리					156

## 제4장 무너진 인간관계 개선하기					157

회사에서 인간관계로 고민하는 사람들					158

참지 말자, 너무 애쓰지 말자					160

관점과 발상의 전환					162

이야기하자, 그리고 바로 사과하자					164

관계가 나빠졌다고 생각하면 식사 약속을 청하자					166

관계 회복을 위한 대화					168

감사의 말을 해 보자					170

싫은 사람을 분석하자					172

회사 내 인간관계 유형별 공략법					174
- 대하기 힘든 사람에게 이렇게 접근하자①					174
- 대하기 힘든 사람에게 이렇게 접근하자②					176
- 대하기 힘든 사람에게 이렇게 접근하자②					178

가정 내 관계 회복 방법					180
- 결혼 후 부부싸움은 두뇌의 작용이다					180
- 남편은 아내의 말을 잘 들어야 한다					182
- 올바른 싸움법					184

Tip 뉴런과 인간관계					186

제5장 직장에서 응용할 수 있는 심리학 테크닉   187

부하를 칭찬해 신뢰를 강화하자   188
부하 직원과의 술자리, 누가 쏠까?   190
상대방의 마음을 움직이는 협상법   192
  • 풋 인 더 도어 테크닉   192
  • 도어 인 더 페이스 테크닉   194
  • 복장도 전략이다   196
  • 협상을 성공으로 이끄는 대화법   198
사랑받는 사람이 되자   200
  • 상대방이 마음 편하게 장난을 거는 사람이 되자   200
  • 자신의 실수담을 이용하자   202
사람의 마음을 움직이는 데 중요한 것은 신뢰다   204

맺음말   206

왜 인간관계는 어려운가

대부분의 사람들이 인간관계로 고민한다. 도대체 왜 우리는 인간관계로 고민하는 걸까? 이 고민의 해답을 심리학에서 찾아보자. 인간관계에 심리학의 지식은 어떤 도움을 주는지 살펴보자.

> 당신은 어떤 타입?

동조성으로 알아보는 인간관계①

평소 자신의 행동을 떠올리며 아래의 질문에 답해보자.

Q. 당신이 직장 동료 또는 친구와 함께 레스토랑에 갔다. 메뉴에는 당신이 먹고 싶은 음식이 있었지만 종업원이 주문을 받으러 오자 다른 사람이 먼저 메뉴를 골랐다. 이때 당신은 어떤 태도를 취하겠는가?

1. 앞사람의 주문에 구애하지 않고 내가 먹고 싶은 음식을 주문한다.
2. 먹고 싶은 음식이 아닌, 먼저 주문한 사람과 같은 음식을 주문한다.
3. 마지막까지 기다렸다가 가능한 한 다른 사람과 같은 음식을 주문한다.
4. 일행이 주문을 마치기를 기다렸다가 분위기를 보며 내가 먹고 싶은 음식을 주문한다.

어떤 답을 선택했느냐에 따라 당신의 동조성 정도가 달라진다. 자신의 의견이나 희망 사항이 있더라도 주변의 의견이나 행동에 맞추려 하는 사람은 '동조성이 높은 사람'이다. 2, 3번을 선택한 사람은 동조성이 높고, 1번을 선택한 사람은 동조성이 낮다. 4번의 동조성은 중간 정도다. 그런데 같은 질문을 하더라도 일행의 구성이나 인원수에 따라 대답이 달라지기도 한다. 거래처 사람이나 상사와 함께인 경우에는 동조성이 높아지겠지만, 동기들과 함께하는 단출한 자리라면 거리낌 없이 먹고 싶은 음식을 주문할 가능성이 크다. 어떤 상황에서 대응이 바뀌는지는 사람에 따라 차이가 있으나 동조성의 경향에는 그 사람의 인간관계 타입이 드러난다.

당신은 어떤 타입?
동조성으로 알아보는 인간관계②

앞에서 **답변 1**을 선택한 사람은 남에게 동조하기보다 자신을 우선시하는 타입이다. 매사에 긍정적이고 행동력이 있어 리더 자질이 뛰어나다. 하지만 자기주장만 내세우다가 인간관계에서 갈등을 빚는 때도 있다. 조금은 유연하게 생각할 필요가 있다.

비 오는 날엔 뜨끈한 짬뽕이 제격이지!!

나는 아무거나 상관······ 없어요
우물 쭈물

답변 2를 선택한 사람은 동조성이 높은 타입이다. 인간관계 갈등을 싫어하고 언제나 원만한 관계를 유지하고 싶어 한다. 자신의 감정을 억누르기 때문에 스트레스를 많이 받는다. 적절하게 자신을 표현하는 자세가 필요하다.

답변 3을 선택한 사람은 동조성이 약간 높으며 전체와의 조화를 고려하는 타입이다. 시야가 넓고 균형 감각도 있지

음····· 다수결로 할까요?

만, 자기주장이 다소 약하다. '조화'에 너무 신경을 쓴 나머지 스트레스를 받거나 자신의 역량을 제대로 발휘하지 못하는 때도 있으므로 주의해야 한다.

답변 4를 선택한 사람은 균형 감각이 있는 사람이다. 전체 분위기를 파악해 사람들과 화합할 줄 알고 상황에 따라 자기주장도 하는 사람이다. 조율형 리더의 자질이 있다. 단, 결단력이 약한 사람도 있으므로 결정적인 순간에 판단을 내리는 능력을 키우자.

오늘은 짬짜면을 먹을게요!

당신의 동조성은 어떤가? 질문 하나로 당신의 동조성의 정도를 명확히 파악하기는 어렵다. 하지만 동조성에 대한 자신의 경향을 파악하는 계기는 된다. **동조성은 상대방을 배려하는 친절함인 동시에 상대방의 공격을 피하는 자기방어 행동이기도 하다.**

우리는 회사나 모임, 가족 등 집단에서 생활한다. 집단생활을 하다 보면 여러 방면에서 협조나 동조가 필요하다. 일반적으로 사람은 자신이 집단 구성원임을 인식할 때 동조성이 강해지는 경향이 있다. 동조성이 약한 사람은 성격에서 기인하는 부분도 있지만, 대부분 자신이 집단 구성원이라는 소속감이 약하기 때문이다.

사람은 왜 집단으로 생활하는가
집단생활과 인간관계 갈등

동조는 인간관계 형성에 도움을 준다. 하지만 자신의 욕구를 참으며 상대를 치켜세우고 배려해 주는 일은 쉽지만은 않다.

집단에서 벗어나 각자 생활한다면 인간관계로 머리 아플 일도 없을 텐데, 사람들은 왜 집단이나 조직을 만들어서 생활할까? **집단이나 조직 생활이 주는 이점이 더 크기 때문이다.** 우선 분업을 통해 일상생활을 효율적으로 영위할 수 있다. 연인이나 배우자 같은 파트너를 발견하기 쉽고, 아이를 양육하기 좋은 환경이 조성되는 등 자손 번영의 관점에서도 집단생활의 이점은 매우 크다.

집단생활로 말미암아 생활 형태가 편리해졌지만, 동시에 과다한 스트레스가 발생한다. 그중에서도 인간관계 갈등은 큰 스트레스 요인이다. 사회생활이 다양할수록 새로운 갈등도 생겨나고 있다. 소통 방식의 변화 역시 새로운 갈등을 불러일으키는 요인 중 하나다. 휴대전화와 이메일처럼 시대가 변함에 따라 의사소통 방식도 크게 달라졌지만 정작 사고방식이나 의사소통 인식은 예나 지금이나 별로 달라지지 않았다. 결국 인간관계 문제가 증가하는 것은 당연하다.

현대사회에서는 인간관계를 형성하는 배경과 심리, 두뇌의 작용 등을 다양한 각도에서 접근해야 한다. 이 과정을 통해 상대를 이해하고 더 나은 인간관계를 형성해 나가는 능력을 키울 수 있기 때문이다.

인간관계와 심리학
심리학으로 관계 개선하기

　심리학은 인간의 행동을 관찰해 마음의 변화를 과학적으로 밝혀내는 학문이다. 인간의 행동에 대한 실험을 한 후 그 데이터를 기본으로 연구한다.
　인간은 행동이나 사고에서 일관된 경향이 있다. 심리학을 공부하면 인간의 행동 패턴이나 사고 경향을 이해하는 데 도움이 된다. 상대방이 무엇을 생각하고 무엇을 위해 행동하는지에 대한 심리 변화와 그 배경까지 파악할 수 있다. 그 결과 자신의 감정을 스스로 다스릴 수 있고 사소한 일로 고민하는 일을 줄일 수 있다. 이는 타인과 좋은 관계를 맺는 밑거름이 된다.
　그러나 제아무리 심리학 이론을 통달했다 하더라도 실제로 활용할 수 없는 지식은 의미 없는 지식에 불과하다. 심리학은 사람의 '마음'을 과학적으로 연구하는 학문이다. 따라서 심리학은 인간관계에서 벌어지는 다양한 고민에 제대로 적용할 수 있을 때 비로소 빛을 발한다.
　심리학 중에서도 인간관계를 주로 다루는 분야를 '사회심리학'이라고 한다. 이 책에서는 사회심리학을 중심으로 인지심리학, 색채심리학 등의 분야도 함께 살펴볼 것이다. 또한 심리학만으로는 충분히 설명하지 못하는 부분을 뇌 과학의 견지에서 '왜 그렇게 되는 것일까?'라는 메커니즘도 분석한다.
　이제부터 흥미로운 인간관계 이야기를 차근차근 풀어본다.

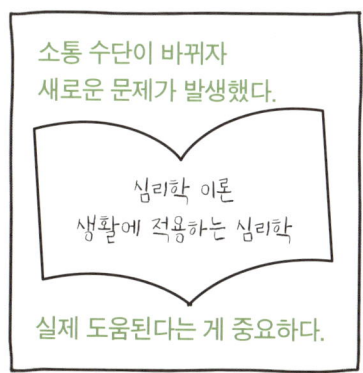

누구나 인간관계는 어렵다
인생 최대의 고민, 인간관계

　우리는 사람들이 인간관계로 얼마나 고민을 하는지 알아보기 위해 '인간관계 설문 조사'를 실시했다. 조사 대상자는 총 3,517명으로 그중 남성이 2,145명, 여성은 1,372명이었다. 대상자 연령은 11세에서부터 93세로 폭이 넓었지만 35세에서 40세가 가장 많았다. '요즘 당신은 인간관계로 어려움을 겪고 있는가?'라는 질문에 '매우 그렇다'라고 답한 사람이 10.4퍼센트였고, '조금 그렇다'라고 답한 사람은 무려 38.7퍼센트나 되었다. 즉 인간관계로 고민하는 사람이 무려 49.1퍼센트에 달했다.

　설문 대상자를 직업별과 연령별로 조사해도 비슷한 결과가 나왔다. 사무직 회사원뿐만 아니라 주부나 엔지니어도 응답 비율에 별 차이가 없었다. 최저 연령인 14세의 중학생마저 인간관계에 어려움을 겪는다고 응답한 것을 보면 특정 연령과도 상관없는 것 같다. **이는 누구나 크든 작든 간에 인간관계가 사실상 어렵다는 것을 의미한다.**

　고민의 내용은 광범위했다. '관계 형성이 어렵다', '상대방의 마음을 모르겠다', '의견, 생각 차이에서 오는 갈등' 등이 상위를 차지했다. 대상은 직장 상사가 15.8퍼센트로 가장 높았고, 그다음이 직장 동료 11.3퍼센트, 친구 6.5퍼센트, 배우자 6.4퍼센트, 이웃 6.0퍼센트 순으로 다양했다.

서장 왜 인간관계는 어려운가

어려운 인간관계①
남에게 말을 걸기가 힘들다

사람과 친해지는 것은 쉽지 않다. 특히 낯가림이 심한 사람은 처음 만난 사람에게 적극적으로 다가가지 못한다.

타인에게 다가가기가 쉽지 않은 이유 가운데 '자기방어'가 있다. 이를테면 '말을 걸었는데 상대방이 차갑게 반응하면 어떻게 하지', '내 말에 그 사람이 화내면 어쩌나' 등 부정적인 결과를 상상하기 때문에 자기방어 심리가 발동한다.

냉정하게 생각해 보자. 사람을 폭넓게 만나는 건 아주 중요하다. **누구나 대화를 시도하다 실패하기도 한다. 창피함은 한순간에 불과하다. 인간관계를 넓히면 타인에게서 영향을 받아 자신의 업무 범위가 넓어지고 취미도 다양해진다.** 따라서 가장 먼저 낯가림을 극복해야 한다. 의식을 바꿨다면 꾸준히 사람과 만나는 경험을 쌓아야 한다. 누구나 처음에는 실패하기 마련이니 실패를 두려워하지 말고, 서두를 필요 없이 가능한 범위 안에서 꾸준히 노력하자.

물론 첫발을 내딛는 일이 그리 쉬운 일은 아니다. 이 책의 **제1장**에서는 '만남', **제2장**에서는 사랑받는 '대화'의 기법을 설명하겠다. 낯가림을 극복하는 효과적인 방법이므로 알아두면 좋다.

어려운 인간관계②
친밀한 관계 형성이 어렵다

남에게 쉽게 말을 걸지만 더는 진전시키지 못하고 친밀한 관계 형성에 어려움을 겪는 사람도 많다. 그것은 사람이 가진 '감각의 오해'가 원인이다. '친해지기가 어렵다'와 '친해지기가 어렵다고 느낀다'는 별개의 문제다. 사람은 누구나 사회나 집단에서 소외당할지도 모른다는 공포감을 안고 산다.

이러한 심리는 사회에서 나만 외톨이로 전락하면 어쩌나 하는 두려움이 원인이다. 정도가 심한 사람일수록 '난 아직도 사람들과 친해지지 못해'라고 자신을 오해하는 경향이 있다. 이러한 생각이 전적으로 나쁜 것만은 아니다. 하지만 지나친 고민으로 자신을 억제하거나 근거도 없이 불안감에 시달려서는 안 된다.

감각의 오해가 아닌 실제로 타인과 친해지지 못하는 사람을 위한 몇 가지 조언을 드린다. **단지 몇 번 스친 것만으로 그 사람에게 호감을 느끼는 경향을 심리학에서 '단순접촉의 원리'라고 한다. 매일 아침 보는 뉴스 아나운서에게 호감을 느끼는 것도 같은 원리다.**

당연히 그것만으로 친밀한 관계를 만들 수는 없다. 친밀한 관계를 맺기 위해서는 반드시 알아두어야 할 몇 가지 중요한 요소가 있다. 당신은 어쩌면 무의식적으로 그 요소를 회피하고 있는지도 모른다. **제3장**에서는 돈독한 인간관계를 맺는 심리학적 접근법을 소개한다. 그 내용을 참고하여 타인에게 한 걸음 더 다가가기를 바란다.

어려운 인간관계③

사람과 사람 사이에 갈등이 있다

　심리학에서는 사람들 사이에서 생기는 대립이나 다툼을 '대인 갈등'이라고 부른다. 대인 갈등은 이해 갈등, 인지 갈등, 규범 갈등으로 나뉜다.

　이해 갈등은 기대나 요구 등의 차이에서 일어나는 일로, 상대방이 자신의 이익을 침해할 때 발생한다. 인지 갈등은 서로의 의견이 일치하지 않을 때 생기는 갈등이고, 규범 갈등은 윤리나 도덕관의 차이로 인해 생기는 갈등이다. 예를 들면 소음 문제, 매너, 말투, 태도 등으로 인한 대립이다.

　인간관계의 갈등은 타인이 자신의 이익에 해를 끼치거나 사고방식과 규범에 대한 인식이 서로 다를 때 일어난다. 우리가 실제로 겪는 갈등은 여러 요인이 복합적으로 작용한다. 직장 상사와 의견이 맞지 않는 경우는 인지 갈등에 속하지만, 상사가 지나칠 정도로 화를 낸다면 규범 갈등이 더해진다.

　갈등을 해결하려면 상대방을 설득하거나 자신이 타협하는 등 의견을 절충하는 수밖에 없다. 진정한 해결을 원한다면 우선 자신부터 건설적인 자세를 보여야 상대방도 해결을 위해 성실한 자세로 임한다. '보답하려는 심리'가 작용하기 때문이다.

　제4장에서는 어긋난 관계를 회복하기 위한 몇 가지 방법을 제시한다. 관계가 서먹서먹한 사람과 좋은 사이로 지내고 싶다면 **제4장**의 심리 기법을 시도해 보자.

인간관계는 첫인상에서 시작한다

인간관계를 형성하기에 가장 효과적인 시점은 처음 만난 순간이다. 첫 만남에서 좋은 인상을 심어 놓아야 그 후의 인간관계가 잘 풀리는 경향이 있다. 이는 사람을 사귀는 첫걸음이라 할 수 있다. 이 장에서는 첫인상 형성의 메커니즘과 좋은 인상 만드는 법을 설명한다.

만나는 방식의 중요성
인간관계는 첫인상이 중요하다

좋은 인간관계를 맺기 위한 몇 가지 심리 기법 가운데 가장 중요한 요소는 '만남의 방식'이다. 첫 만남을 성공적으로 이끌어야 그다음의 인간관계가 쉽게 풀리고, 향후의 관계를 크게 좌우한다. **흔한 말로 첫인상은 인간관계의 전부라고 한다. 이것이 바로 심리학에서 말하는 '초두 효과(Primacy effect)'다.** 사람은 맨 처음 본 것에 영향을 받기 쉽고, 그 효과가 오래 이어지기 쉽다. 기억에도 오래 남는다.

다음 문장을 보며 초두 효과를 체험해 보자.

A   지적인, 근면한, 성실한, 고집 센, 비판적인 남성
B   비판적인, 고집 센, 성실한, 근면한, 지적인 남성

한 남성을 표현하는 형용사들이다. 초두 효과는 대화나 글에서도 나타난다. 양쪽 모두 같은 단어를 사용했지만 나열한 순서가 다르다. A 남성이 더 호의적으로 느껴지지 않는가? A 남성은 '지적인', '성실한'이라는 단어가 주는 초두 효과 때문에 '비판적인'이라는 단어가 성실하고 똑똑해서 정확하고 엄격하게 판단하는 사람이라는 인상을 준다. 그러나 B 남성은 세상사를 비판적으로 바라보는 독한 사람이라는 인상을 주기 쉽다. 이것이 초두 효과의 영향력이다.

첫인상을 형성하는 메커니즘①
제1차 첫인상 - 외모

　초두 효과의 영향력은 아주 크다. 그러므로 좋은 첫인상을 갖게 하는 것이 중요하다. 그러나 첫인상을 결정하는 데 걸리는 시간은 아주 짧다. 따라서 단시간에 상대방에게 좋은 인상을 심어 주어야 한다. 그렇다면 그 시간이 얼마나 짧을까?

　심리학 책에 따르면 '사람은 6초 만에 상대를 판단한다', '2초로 인상을 단정 짓는다' 등 10초 이내의 다양한 의견이 있다. 첫인상을 결정하는 시간은 개인마다 다르다. 물론 조사 방법에 따라서 결과가 달라지기도 한다. **한마디로 첫인상의 형성은 순간적인 판단에 달려 있고, 인간관계에서 가장 큰 기회는 순식간에 지나가고 만다.**

　첫인상은 한순간에 결정되지만, 이해를 돕기 위해 첫인상 형성 과정을 3단계로 나누어 설명하겠다.

　우리는 상대방의 외모를 보고 5~6초, 빠른 사람은 1~2초 만에 그 사람에 대한 첫인상을 파악한다. 특히 타인과 만날 기회가 많은 사람일수록 한순간에 판단하는 경향이 강하다. 당연한 말이지만 사람을 판단하는 일에 익숙하기 때문이다. 이를 '제1차 첫인상'이라고 부르자.

　인상이란 '성실하다', '신뢰할 만하다', '대화하기 편하다'와 같이 사람에게 느끼는 이미지를 말한다. 대부분 평가적인 언어가 중심을 이룬다. 또한 자신의 지인이나 가족과 닮았다고 느끼는 경우라면 그 지인과 새로 만난 사람의 얼굴을 대조하여 시각적 이미지를 만들기도 한다.

사람들이 가장 평가하기 쉬운 대상은 외모다. 외모가 좋으면 좋은 인상을 주기 쉽다. 여기서 말하는 외모는 얼굴이나 체격, 몸매, 헤어스타일 등 눈에 보이는 모든 부분에 대한 종합적인 평가와 더불어 그 사람에게서 풍기는 분위기를 포함한다.

우리는 외모가 준수한 사람은 다른 부분에서도 좋을 것이라고 연상해서 판단하는 경향이 있다. 심리학에서는 이것을 '후광 효과(Halo effect)'라고 부른다. 정치인 선거라면 본디 정책을 기준으로 판단해야 하지만, 단지 호감도만 높은 연예인 후보가 당선되는 경우가 종종 있다. **호감도와 정치는 전혀 별개의 문제이지만 정치판에서조차 이미지가 좋은 연예인은 좋은 평가와 기대를 한 몸에 받는다. 후광 효과를 톡톡히 본 셈이다.**

대인 관계가 서툴고 낯가림이 심한 사람일수록 '외모'를 가꾸는 것은 큰 도움이 된다. 인상 형성의 메커니즘을 안다는 것은 상대방에게 좋은 인상을 주는 모든 방법을 아는 것과 같다. 이는 곧 만남이 즐거워지는 비결이다. 가벼운 마음으로 즐겁게 실천해 보기 바란다.

첫인상을 형성하는 메커니즘②

제2차 첫인상 – 표정·시선·목소리·말투·자세·몸짓

우리는 외모 다음으로 표정, 시선, 목소리, 말투, 자세, 몸짓 등 전반적인 태도를 통해 다시 한번 상대방에 대한 인상을 느끼고 이미지를 형성한다. 이것을 '제2차 첫인상'이라고 한다. '제2차 첫인상'은 '제1차 첫인상'보다 약하며, 대부분 '제1차 첫인상'의 영향을 더 크게 받는다.

외모를 보고 일단 '조용한 사람이네!'라고 생각을 굳히면 상대방이 아무리 조잘조잘 떠들어도 자신이 가졌던 상대방의 이미지를 수정하지 않는다. '분명히 이 사람은 조용한 사람일 거야'라고 처음 느낀 이미지만 기억한다. 이러한 신념은 외모를 바탕으로 형성된 인상을 더욱 강화한다. 나중에 자신이 착각했다고 확연히 느껴야만 비로소 '제1차 첫인상'을 수정한다.

'제1차 첫인상'의 영향이 더 큰 이유는 또 있다. 일단 상대방을 '대화하기 편한 사람'이라고 인식하면 그에게 말을 건네기가 쉬워진다. 먼저 싹싹하게 말을 걸면 상대방도 편안하게 느끼기 때문에 즐거운 대화가 이어진다. 그 결과 자신의 첫인상이 맞았다고 확신한다. 이 경우는 첫인상이 맞았다기보다는 그것에 맞도록 자신이 행동한 것이다. 심리학에서는 이를 '예측의 자기실현'이라고 한다.

'제2차 첫인상'을 형성하는 데 영향을 주는 요소에도 우선순위가 있다. 가장 먼저 영향을 주는 요소는 표정과 시선이다. 표정은 외모에 포함되는 만큼 '제1차 첫인상'과 대등한 영향력이 있다. 첫 만남의 순간에 불쾌한 표정을 지은 사람에게 호감을 느끼기는 어렵다. 표정은 굉장히 중요하다. 특히 시선에 주의해야 한다. 시선이 불안하면 나쁜 평가를 받고, 반대로 시선이 자연스러우면 좋은 평가를 받는다.

다음으로 중요한 요소는 목소리와 말투다. 목소리의 높낮이와 목소리의 느낌도 인상 형성에 영향을 주는 중요한 판단 자료다. 이어가며 말하는 속도와 말투, 말하는 방식도 영향을 준다. 말투가 거칠면 단번에 좋지 않은 평가를 받으니 결코 가볍게 여겨서는 안 된다. 습관적인 말버릇도 대부분 평가가 낮아지므로 주의해야 한다.

다음으로 자세와 몸짓도 중요하다. 나쁜 자세는 말할 나위도 없거니와 손과 발의 움직임에도 신경을 써야 한다. 자신의 인상을 결정하는 중요한 요소이지만 정작 본인은 눈치채지 못하는 경우가 많다.

첫인상을 형성하는 메커니즘③
제3차 첫인상 – 말하는 내용

첫인상의 마지막 단계는 인간 내면의 성격적인 부분과 관련된다. **'말하는 내용'을 듣고 상대방의 내면적인 성격을 느끼고, '이 사람은 이런 성격이구나!'라고 그 사람의 인상을 형성한다.** 이것이 '제3차 첫인상'이다.

'제3차 첫인상'은 약해서 '제1차 첫인상'과 '제2차 첫인상'의 영향으로 지워지는 경우도 많다. 첫 만남에서 말하는 내용이 인상 형성에 큰 영향을 주지는 않지만 그렇다고 가벼이 여겨서도 안 된다. 첫인상에서 좋은 이미지를 심어 준 다음 상대방이 쉽게 호응할 만한 화제를 골라 더 큰 호감을 끌어내자.

그럼 첫인상을 형성하는 메커니즘을 정리해 보자.

1. 제1차 첫인상 (5~6초)
   외모의 인상은 영향력이 매우 강하다.

2. 제2차 첫인상 (약 1분 정도)
   표정·시선·목소리·말투·자세·몸짓 등의 인상

3. 제3차 첫인상 (1~3분 정도)
   말하는 내용에 대한 인상, 내면에 대한 인상을 느끼기도 하지만 영향력은 약하다.

이렇게 종합적인 '첫인상'이 만들어진다.

이것은 일반적인 예에 불과하다. 인상을 형성하는 과정은 개인차가 커서 사람마다 판단하는 기준이 다르다. 개인의 기억과 관련이 있어 목소리에서 영향을 많이 받는 사람도 있고, 몸짓을 중요시하는 사람도 있으므로 참고자료로 활용하기 바란다.

다음 페이지에서 항목별로 좋은 첫인상을 만드는 구체적이고 효과적인 방법을 설명하겠다.

인상 형성 과정은 개인마다 다르며, 끌리는 요소도 다양하다.

호감 가는 첫인상 만들기-외모와 분위기 ①
항상 외모를 신경 쓰자

　미국에서 교사 400명에게 학생들의 사진과 성적표를 보여 주고 각 학생에 대한 다양한 평가를 들어 보았다. 실제로 교사들에게 제공한 성적표는 모두 같은 내용이었지만 겉으로 봐서 매력이 있다고 평가 받은 학생이 지능이나 학습 능력도 높다는 평가를 받았다.

　교사에 대한 학생들의 평가도 마찬가지로 외모 영향이 나타났다. 또 외모가 출중한 교수가 그렇지 않은 교수에 비해 학생들의 존경을 더 많이 받는다는 연구 결과도 있다.

　그러나 외모는 바꿀 수 없다. 실제로 '외모 덕을 보는 사람'은 미모를 타고난 극소수의 사람뿐이며, 다시 태어나지 않는 한 자신의 얼굴이나 몸을 완전히 바꾸지는 못한다. 하지만 비관하지는 말자. 외모는 가꾸기에 따라 얼마든지 호감 가는 인상으로 바꿀 수 있기 때문이다.

　당신이 제일 먼저 해야 할 일은 **거울 앞에 서서 자기 얼굴을 보고 '난 할 수 있어'라며 자기암시를 거는 일이다.** 효과가 없다고 생각하기 전에 우선 실천해 보자. 매일 거울을 보고 언제나 사람들이 자신을 보고 있다고 느끼면서 자신의 외모를 의식하자. 그것만으로도 자연스럽게 외모가 다듬어진다. 이는 만남이 서툴고 낯가림이 심한 사람들에게 변화를 가져다준다. 외모를 멋있게 가꾸는 것만으로도 사람을 만날 때의 두려움이 어느 정도 사라질 것이다.

미국에서 학생의 외모와 평가 내용을 비교하는 실험을 했다.

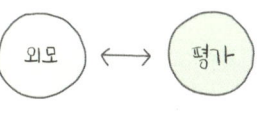

따라서 외모를 가꾸는 일은 매우 중요하다.

그 결과 외모가 뛰어난 학생은

다른 평가도 좋았다.

호감 가는 첫인상 만들기-외모와 분위기②
이미지 목표를 설정하자

외모를 가꾸기 위해 고급 브랜드의 옷이나 액세서리를 착용하는 사람도 있다. 나쁜 방법이라고 잘라 말할 수는 없지만, 좋은 방법도 아니다.

무엇보다 상대방의 시선을 의식하는 것이 중요하다. '좋은 외모'의 개념은 너무 막연하다. 게다가 이미지를 떠올리기도 쉽지 않다. 이럴 때는 **구체적인 목표 이미지를 설정하는 것이 효과적이다.** 다음에 제시한 호감 가는 이미지를 표현한 내용을 참고하여 자신이 목표로 하는 외모 이미지를 만들어 보자. 그런 다음 그 이미지를 실현하기 위해 복장, 화장, 표정 등을 어떻게 하면 좋을지 생각해 보자.

이미지 만들기 예
산뜻한 이미지

- 외모: 양복은 단순하고 깔끔하게 입는다. 색깔은 흰색을 기본으로 한 청색 계통으로 코디하면 산뜻한 느낌을 낼 수 있다. 치아는 하얗게 관리한다.
- 표정과 시선: 항상 웃음 띤 얼굴이 중요 포인트다. 웃으면서 하얀 이가 드러나면 더욱더 효과적이다. 시선은 항상 상대방의 눈을 향한다.
- 목소리와 말투: 목소리는 지나친 저음이나 고음이 아닌 중간 톤의 음을 내도록 노력하자. 말끝을 분명하게 하고 큰 소리로 말한다.

지적인 이미지

- 외모: 양복은 단순하고 깔끔하게 입는다. 색깔은 진한 남색이나 검은색을 기본으로 한 어두운 계통을 추천한다. 안경을 착용해도 좋다.
- 표정과 시선: 기본적으로 일관적인 표정을 짓고 침착하게 행동하도록 유의한다. 미간에 힘을 주어 강한 시선을 만든다.
- 목소리와 말투: 조금 낮은 목소리가 지적인 느낌을 준다. 말하는 속도는 천천히 하면서 자신감 있게 말한다.

명랑한 이미지

검은색 계통의 옷은 피하자. 미소는 기본이다. 상대방의 이야기를 들을 때는 적극적으로 반응한다. 조금 높은 톤으로 말하고 속도는 약간 빨라도 좋다. 대화 도중에 적당한 몸짓이나 손짓을 하면 효과적이다.

기품 있는 이미지

전체적인 몸짓이나 동작을 작게 한다. 입을 크게 벌리며 웃지 않는다. 천천히 공손한 말투로 말하자. 기품 있게 보이려면 손과 발을 움직이지 않도록 신경 쓰고, 손을 가지런히 하고 좋은 자세를 유지하자.

호감 가는 첫인상 만들기-외모와 분위기 ③
좋은 첫인상을 주는 헤어스타일

첫인상을 판단할 때 외모는 특히 중요한 기준이다. 사람들은 외모를 다듬지 않은 사람을 가차 없이 배제하는 경향이 있다. 이는 대부분 무의식적으로 일어난다.

외모는 취업을 위한 면접시험에서는 상당히 엄격한 조건이다. 상황에 걸맞은 외모를 갖춰야 손해 보지 않는다. 그러므로 적어도 꼭 필요한 포인트만을 소개한다.

헤어스타일

첫인상을 형성하는 외모 판단에서 헤어스타일은 중요한 부분을 차지한다. 좋은 첫인상을 주려면 남녀 모두 앞머리가 짧은 게 좋다. **표정을 시원하게 드러내어 상쾌하고 긍정적인 인상을 심어 주는 효과가 있다.** 앞머리가 눈썹이나 눈을 덮을 정도로 내려오면 자칫 성격이 어두워 보일뿐더러 거치적거려 일의 능률이 오르지 않는다.

남성의 옆머리는 귀를 덮지 않아야 하며 뒷머리는 와이셔츠에 닿지 않는 정도가 좋다. 여성은 직업에 맞추어 너무 눈에 띄는 색은 피하도록 하자. 또한 늘 '청결한 느낌'이 들도록 관리하는 것이 좋다.

호감 가는 첫인상 만들기 - 외모와 분위기 ④
좋은 첫인상을 주는 옷차림

옷차림

　교양 있는 복장을 갖추기란 쉬운 일이 아니다. 기준도 다양하고 사람마다 주관적으로 평가하는 경향이 크기 때문이다. 그렇지만 입는 사람 입장에서 보면 옷차림은 기본적으로 그때그때의 기분에 따라 크게 좌우된다. **호감 가는 첫인상을 의식한다면 상대방의 관점에서 옷을 선택해야 한다.** 기본적으로 청결한 느낌을 주는 옷이 좋다. 옷에 생긴 구김은 입는 사람이 간과하기 쉽지만, 의외로 상대방의 눈에 잘 띄므로 주의해야 한다.

소품, 액세서리

　소품이나 액세서리는 차지하는 비중이 작아 그다지 신경 쓰지 않는 사람이 많지만, 전체적인 분위기에 적지 않은 영향을 준다. **소품과 액세서리는 첫인상 형성에 플러스 효과보다 마이너스 효과를 줄 수 있다.** 화려한 소품, 지나치게 비싼 액세서리, 값싸고 조악한 장신구 등을 착용하면 품격은 고사하고 오히려 이미지를 손상시킬 소지가 크다.
　소품의 경우, 명함첩이 가득 차 있지는 않은지, 노트나 수첩을 너무 오래 사용하여 낡지는 않았는지 미리 점검해 두자. 인간관계에서는 세심한 부분까지 배려하는 자세와 준비가 필요하다.

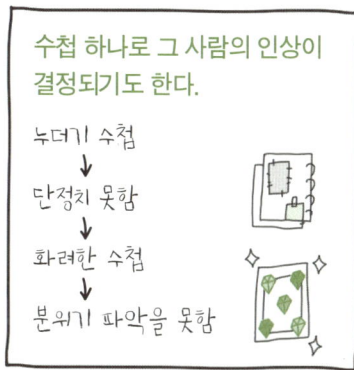

호감 가는 첫인상 만들기-외모와 분위기⑤
사람이 가장 신경 쓰는 곳은 얼굴

사람은 일반적으로 상대방의 얼굴을 가장 먼저 보고 그 사람이 어떤 사람인지를 판단한다. 얼굴을 통해 짧은 순간에 많은 정보를 얻고 신체의 다른 부위로 시선을 옮겨 무의식적으로 여러 판단을 한다.

개개인을 식별하기 가장 쉬운 부분이고 타인의 심리상태나 사회적 상태를 판단하여 그 사람의 인상을 형성하는 대인인지의 기본이 되기 때문이다.

얼굴이 중요한 또 하나의 이유는 **의사소통에서 가장 중요한 눈과 입이 있다는 점이다. 사람을 볼 때 처음에 얼굴부터 보는 행동은 갓 태어난 아기도 하는 행동이다.**

뇌에는 눈으로 본 정보를 판별하는 시각피질이라는 조직이 있는데 이 안에는 사람의 얼굴에만 반응하는 세포가 발달되어 있다. 이 세포가 작용하여 우리는 얼굴의 미묘한 차이를 인지한다. 화를 내거나 기뻐하는 감정을 근육의 미세한 움직임으로 판단할 수 있다.

특히 눈과 입에 주의해야 한다. 눈이 중요하다는 사실은 이미 다 알고 있겠지만, 생각 외로 입에도 시선이 많이 가므로 신경을 써야 한다. 치아가 가지런하고 하얀 사람은 '산뜻하다', '건강하다'와 같은 좋은 인상을 준다. 신경이 쓰이는 사람은 치과에서 치아를 가지런하고 하얗게 하는 심미 치료를 받는 것도 좋다.

호감 가는 첫인상 만들기 - 외모와 분위기 ⑥
간과하기 쉬운 냄새

외출할 때마다 향수를 뿌리는 사람이 있다. 친목 모임에서는 좋을지 모르나 비즈니스 만남에서는 주의해야 한다. 사람은 아무리 강한 냄새라도 일정 시간 계속해서 맡으면 이를 느끼지 못하게 된다.

이러한 반응을 '냄새의 항상성'이라고 한다. 이 항상성 때문에 자신의 체취를 느끼지 못한다고 한다. 즉 스스로는 자신이 풍기는 냄새를 맡지 못하므로 냄새가 강한지 약한지조차 판단할 수 없다.

자신은 좋은 향기를 풍기려고 향수를 뿌렸지만 처음 만난 상대방은 '너무 독한 냄새다'라고 불쾌하게 느낄 수도 있다. 그러면 좋은 첫인상을 형성하기 어렵다.

그런데도 향기를 이용하고 싶다면 향을 약하게 하고 개성이 강한 향은 쓰지 않는 편이 좋다. 냄새를 이용해 인상을 만들려면 두 번째 만남 이후가 효과적이라는 연구자도 있다.

첫인상에서 이미 좋은 인상을 준 후라면 냄새가 상대방의 취향에 다소 맞지 않더라도 나쁜 인상을 줄 위험은 줄어든다. 만약 상대방이 좋아하는 냄새라면 새로운 자극을 주어 상대방의 인상에 남게 할 가능성도 크다.

호감 가는 첫인상 만들기-외모와 분위기⑦
호감을 주는 색깔과 이미지 전략①

   좋은 외모를 만들기 위해서라면 '색의 이미지'를 활용하면 효과적이다. **산뜻한 이미지를 주고 싶다면 색을 이용하여 표현하자.** 그 의도대로 상대방은 산뜻하다는 느낌을 받기 쉽다. 남성의 정장과 여성의 복장을 예로 들어 색과 이미지 관계를 살펴보자.

옷 색깔에 따른 얼굴 인상의 변화-남성

남성 정장이 주는 인상은 단순한 듯 보이지만 의외로 어렵다. 구성 요소는 와이셔츠, 넥타이, 정장인데, 이 세 가지 색을 잘 조합해야 한다.

흰 와이셔츠는 얼굴을 돋보이게 하는 효과가 있지만, 넥타이나 정장 색깔을 어떻게 조합하는가에 따라 인상이 바뀐다. 색으로 인상을 조절할 때는 지나치게 많은 색을 조합하지 않도록 주의하자.

옷 색깔이 주는 인상
○ 검은색 정장

가장 기본적인 검은색 정장에 흰 와이셔츠 차림이라 해도 넥타이 하나로 인상이 달라진다. 검은색은 다른 색을 강조하는 경향이 있어서 흰 셔츠의 면적 비율에 따라 그 강도가 달라진다. 붉은색 넥타이는 정열과 의지를 나타내므로 발표할 때 적합하다. 파란색은 신뢰감과 침착함을 표현한다. 은은한 녹색은 조화로운 느낌을 준다.

○ 회색 정장

옅은 회색 정장은 전체적으로 부드러운 인상을 준다. 그래서 붉은색처럼 강렬한 색의 넥타이와 조합하면 균형이 깨지고 산만해진다. 붉은색 계열의 넥타이를 맬 때는 분홍색 같은 엷은 색으로 맞추면 붉은색의 강한 느낌은 사라지고 부드러운 이미지가 드러난다. 파란색도 밝고 연한 파란색을 사용하면 지적이고 품위 있는 느낌이 난다.

호감 가는 첫인상 만들기-외모와 분위기⑧
호감을 주는 색깔과 이미지 전략②

옷 색깔에 따른 얼굴 인상의 변화

얼굴은 옷 색깔에 따라 대비 효과와 동화 효과 등 다양한 영향을 받는다. 옷의 크기나 품질에 따라 다르기 때문에 한마디로 정리하기는 어렵지만, 일반적으로 검은색 계열의 옷을 입으면 피부가 밝아 보인다.

○ **검은색 옷**

검은색은 강한 인상을 주는 색으로 차갑고 딱딱한 인상을 준다. 검은색은 다른 색을 강조하는 기능도 있다. 예를 들면 흰색과 조합하면 샤프하고 모던한 느낌을 주고, 회색과 조합하면 본래의 인상이 조금 약해진다.

○ **분홍색 옷**

　분홍색 옷은 본인의 마음을 온화하게 하고 공간 분위기마저 부드럽게 하는 효과가 있다. 흰색과 조합하면 상냥함이 돋보여 한층 사랑스러운 느낌을 주고, 옅은 녹색과 조합하면 섬세하고 감미로운 이미지를 연출할 수 있다.

○ **파란색 옷**

　밝은 파란색은 산뜻한 이미지를 주고, 진한 파란색은 신뢰감을 준다. 흰색과 조합하면 젊은 이미지를 주고, 회색이나 검은색과 조합하면 날카로운 이미지를 준다.

○ **녹색 옷**

　녹색은 편안하고 조화로운 느낌을 준다. 친근함을 주는 색이기도 하다. 흰색과 조합하면 신선한 느낌이 나고 노란색과 조합하면 활동적인 느낌이 난다. 와인색과 조합하면 이국적인 분위기를 자아낸다.

호감 가는 첫인상 만들기-표정과 시선 ①
웃는 얼굴은 최고의 명함이다

첫 만남에서 상대방에게 좋은 인상을 심는 또 하나의 비장의 무기가 있다. 바로 웃는 얼굴이다.

'당연하지! 무표정한 얼굴보다 웃는 얼굴이 인상이 좋아 보이는 걸 누가 모르냐?'라고 반박하고 싶은 사람도 있을 것이다. 하지만 인식만으로는 부족하다. 웃는 얼굴은 매력적으로 보이는 최고이자 최선의 기술이다. 또 강한 인상을 심어 주는 효과가 있다.

첫 만남에서는 무슨 일이 있어도 웃는 얼굴로 상대방을 대해야 한다. 처음 만나는 순간 상대방보다 먼저 웃으면 좋은 평가를 받는다. 상대방도 당신처럼 첫 만남을 앞두고 긴장했을지도 모른다. '차가워 보이면 어쩌지?'라든가 '말하기 불편한 사람이면 어쩌지?'라며 긴장하고 있을 상대방에게 먼저 미소를 지어 어색함을 풀어 보자. **웃는 얼굴은 '나는 당신에게 호의를 갖고 있다'라는 신호다. 긴장을 풀어 주는 당신에게 나쁜 인상을 품을 사람은 없을 것이다.**

평소 사람들이 치켜세우는 미남 미녀는 일부러 웃을 필요가 없다. 따라서 늘 무표정한 사람이 많다. 물론 외모가 중요하지만, 상대방에게 좋은 첫인상을 남길 확률이 높은 쪽은 웃지 않는 미남 미녀가 아니라 환하게 웃는 평범한 외모의 보통 사람이라는 사실을 잊지 말자.

호감 가는 첫인상 만들기-표정과 시선②
웃는 얼굴의 효과

웃는 얼굴에는 신비한 효과가 있다. 당신이 환하게 웃으며 상대방에게 다가가면 상대방도 웃는 얼굴로 답한다. 이는 뇌에 있는 '거울 신경세포(Mirror neuron)'의 영향이다. 거울 신경세포는 타인의 행동을 보고 자신도 그 행동을 한다고 느끼는 공감 능력을 조절하는 세포다. 상대방의 웃거나 우는 동작을 보면 거울 신경세포가 활성화하여 자신도 실제로 같은 행동을 하려고 한다. 하품이 옮거나 남이 울면 따라 우는 현상도 거울 신경세포가 반응한 결과다. 그러므로 웃으며 다가가면 상대방도 웃을 확률이 높다.

웃음은 심리학적 측면에서 보더라도 본인의 기분을 즐겁고 긍정적으로 만드는 효과가 있다. **즐거워서 웃는 것이 아니라 웃으면 즐거워지는 이치다. 웃으면 몸의 긴장이 풀려 대화에도 탄력이 붙는다.** 이처럼 웃는 얼굴은 긍정적인 효과가 매우 크다.

게다가 많이 웃으면 미남 미녀 효과를 보게 된다. 웃으면 뇌의 대뇌 신피질에 있는 전두연합영역이 자극을 받아 대뇌변연계나 시상하부에 정보를 전달하여 호르몬 분비가 활발해진다. 그 결과 피부가 촉촉해지고 얼굴에 윤기가 돈다. **웃는 얼굴은 실제로 용모가 멋있게 변화할 가능성도 품고 있다.**

호감 가는 첫인상 만들기-표정과 시선③
웃는 얼굴 연습하기

거울 앞에서 혼자 웃는 연습을 한다는 게 어색하고 우스꽝스럽다고 느껴 거부감이 생기는 사람도 있을 것이다. 하지만 자신의 웃는 얼굴로 주변 사람의 기분이 좋아진다면 그 자체만으로도 멋진 일이 아닐까? 웃는 연습을 하면 앞으로 만날 누군가의 기분을 유쾌하게 만들 수 있고, 상대방의 기분을 좋게 만들면 본인의 인간관계에 큰 도움이 된다. 상대방에게 기분 좋은 느낌을 주어 당신의 호감도가 올라갈 것을 상상하며 긍정적인 마음으로 연습하기 바란다.

1. 양쪽 입꼬리를 올린다

처음에는 입꼬리를 올리는 연습을 해 보자. 입꼬리를 올릴 때 턱이 내려가면 안 된다. 입꼬리 주변에는 표정을 만드는 근육이 밀집되어 있다. 입꼬리가 잘 올라가지 않는 사람은 이 근육이 굳어 있는 상태다. 입꼬리 주위를 자주 마사지해 주고 입을 크게 벌려 '에'라고 길게 발음하다 보면 점차 자연스러워진다.

2. 치아가 보이게 웃는다

입꼬리를 올릴 때 입을 살짝 벌려 치아가 보이게 하면 웃는 얼굴이 한층 근사해진다. 치아를 보이는 것은 마음으로 웃고 있다는 뜻이며 마음을 열었다는 신호다.

3. 볼 근육과 눈썹을 움직인다

볼 근육을 위아래로 움직여 보자. 한쪽씩 번갈아 가며 윙크하듯 움직인다. 날마다 20회씩 연습하면 볼을 움직이는 일이 한결 수월해진다. 거울을 보며 입꼬리를 올려 이상적인 각도를 확인하고, 그 모양대로 반복하면 효과적이다. 처음에는 손으로 움직여 보고 그다음은 손을 떼고 연습해 보자. 마지막으로 눈썹 끝을 올렸다 내렸다 하면서 눈 위 근육을 움직이는 연습을 해 보자.

호감 가는 첫인상 만들기-표정과 시선④
상대방을 보는 시간

　상대방에게 좋은 인상을 주는 방법으로 '상대방을 보는 시간'도 무척 중요하다.

　상대방이 습관적으로 시선을 피하는 사람이라면 의식해서 짧은 간격으로 시선을 떼도록 하자. 상대방이 오랫동안 쳐다보는 사람이라면 약간 길게 상대방을 바라보는 등 대상의 행동을 살피면서 조절하면 대화가 원만하게 진행된다. **사람에게는 저마다 시선을 맞추기 편한 간격이 있다.** 이론을 곧이곧대로 적용하지 말고 그때그때 상황에 맞추어 조절하자.

　시선을 피할 때는 생각하는 척하거나 감동했다는 듯이 눈을 감는 등 약간의 연기가 필요하다. 자신이 생기면 시도해 보기 바란다. 다만 시선을 뗄 때 다른 사람을 쳐다봐서는 안 된다. 상대방이 자신을 소홀히 대한다는 인상을 주기 때문이다. 개인적으로 호감 있는 이성을 바라볼 때는 조금 길게 바라보면 당신의 호의가 잘 전달된다.

　대화 상대가 여러 명이라면 기본적으로는 말하는 사람을 본다. 자신이 말할 때는 듣는 사람들을 몇 초간 차례대로 바라보면 좋다. 이때 모든 사람을 공평하게 바라봐야 한다. 지위가 높은 사람이 있으면 무의식적으로 그 사람 얼굴만 쳐다보게 되는 경향이 있는데, 특별한 상황이 아니라면 노골적으로 한 사람만 보는 행동은 삼가야 한다.

호감 가는 첫인상 만들기-표정과 시선⑤
시선에 주의하자

처음 만나서 대화하는 상황을 그려 보자. 초반에는 시선 조절을 잘하다가도 중반쯤 지나면 상대방에게서 시선을 떼는 경우가 있다. 이는 상대방 이야기에 싫증이 났다는 표시로 대화를 그만두고 싶다는 감정을 무의식적으로 드러낸 행동이다. 이 같은 무례한 행동은 상대방에게 불쾌감을 준다. 대화가 끝날 때까지 긴장을 풀지 말고 상대방과 시선을 주고받으며 이야기를 나누도록 하자.

자신을 줄곧 상대방의 의식에 맞추느라 그저 의식만 집중하고 있으면 곧 지치고 만다. 또한 지속하기도 어렵다. 그래서 상대방에게 관심을 두는 훈련이 필요하다. 이야기에 흥미를 느끼려는 노력은 물론이고 이 사람은 어떤 사람일까, 이 사람의 좋은 점은 무엇일까 등 상대방에게 흥미를 가지면 집중력을 유지하기가 수월해진다.

흥미를 가지고 대상을 바라보면 눈의 동공이 커진다고 한다. 동공이 커지면 눈이 촉촉해져서 호감도가 올라가는 효과가 있다. 즉 당신이 상대방에 대한 관심을 가지고 바라보기만 해도 시선이 안정되고 눈빛이 좋아져 인상까지 좋아진다.

상대방과 시선이 마주치면 뇌에서 신경 전달 물질인 도파민(Dopamine)이 분비된다. 도파민은 '쾌감'에 영향을 주어 기쁜 감정을 만든다. 시선은 의사소통에 있어 굉장히 중요한 도구다.

1장 인간관계는 첫인상에서 시작한다

호감 가는 첫인상 만들기-목소리와 말투①
말하는 속도와 목소리 크기

　다음은 말하는 속도에 주목해 보자. 특히 말하는 속도는 성격과 관련이 깊다. 그래서 말하는 사람의 성격이 드러나기 쉬운 요소 중 하나다.

　예를 들어 말이 빠른 사람은 과도한 경쟁심과 자기주장이 강한 사람이라고 한다. 머릿속의 생각을 조금이라도 빨리 상대방에게 전하고 싶고, 상대방보다 우월한 입장에 서고 싶다는 심리의 표출이다.

　천천히 말하는 사람 쪽은 자신감이 있는 경우가 많다. 빨리 말하지 않아도 상대방이 자신의 의견에 주목한다고 생각하는 심리의 표출이다.

　보통의 경우 상대방의 말하는 속도와 리듬이 자신과 같을 때 편안함을 느낀다. 즉 말이 빠른 사람은 자신처럼 말이 빠른 사람에게, 천천히 말하는 사람은 천천히 말하는 사람에게 호감을 느끼기 쉽다.

　이러한 경향은 목소리 크기와도 관련이 있다. 평소 목소리가 큰 사람은 상대방 목소리가 작으면 불편함을 느끼고, 반대로 목소리가 작은 사람은 목소리가 큰 사람에게 거부감을 느낀다. 기본적으로 목소리는 약간 큰 편이 좋지만, 대화 상대의 목소리 크기에 맞추는 게 좋다.

호감 가는 첫인상 만들기-목소리와 말투②
목소리에 신경 쓰자

다음은 목소리에 주목해 보자. 사람과 쉽게 사귀지 못한다고 생각하는 사람은 목소리가 작고 불분명한 경우가 많다.

말끝이 분명하지 않은 사람도 많다. "안녕하세……"와 같이 말끝을 흐리는 인사도 좋지 않은 인상을 준다. 이는 심리적으로 진지하게 인사하는 행위를 부끄럽게 여길 때 나타난다. 하지만 이러한 행동을 본 상대방은 무의식중에 '성의 없는 사람'이라는 부정적인 인상이 각인된다.

밝고 맑은 목소리를 의식하며 대화하면 그것만으로도 인상이 바뀌므로 입을 크게 벌려 분명하게 발음하고, 특히 말끝을 흐리지 않도록 주의하자.

목소리는 호흡으로 들이마신 공기가 목구멍을 통과하며 성대를 진동해 만든 울림이다. 성대는 호흡에 의해 주변 근육이 움직이며 조절되지만, 성대만 의도적으로 움직이지는 못한다. 평소 숨을 쉴 때의 성대는 열린 채로 움직이지 않지만, 목소리를 내려고 하면 성대가 닫히고 공기와 닿아 진동하며 소리를 만든다. 만들어진 소리는 입속과 콧속, 목의 깊숙한 곳에서 울려 음색을 내는데, 이를 공명이라 한다. 이 울림이 목소리의 느낌을 만든다. 혀, 치아, 입술 등이 관여해 음색을 조절하면 자신의 목소리가 되는데, 다음 페이지에서 간단하게 할 수 있는 '좋은 목소리 연습법'을 소개한다.

1장 인간관계는 첫인상에서 시작한다

호감 가는 첫인상을 만들기-목소리와 말투③

좋은 목소리를 만드는 연습

좋은 목소리를 만들려면 입을 크게 벌려 복식호흡을 해야 한다. 복식호흡은 횡격막 아래로 많은 공기를 들이마시는 호흡법이다. 어깨나 가슴으로 숨을 쉬지 않고 폐 밑 부분까지 공기를 들이마시는 느낌으로 호흡한다. 배가 부풀어 오르기 때문에 복식호흡이라고 부른다. 들이마신 공기는 복근을 사용하여 천천히 내뱉는다. 공기를 들이마실 때보다 내뱉을 때 집중하고, 숨을 내쉬는 반동을 이용하여 천천히 숨을 들이마시면 한결 쉬워진다. 복식호흡이 익숙해지면 좋은 목소리를 낼 수 있다.

낮은 목소리는 가슴 주변을 울려서 만드는 느낌으로 낸다. 턱을 당기고 가슴에서 소리를 모았다가 밖으로 내보내는 느낌으로 복식호흡을 한다. 이를테면 천천히 숨을 내뱉으면서 '응-'이라고 길게 소리를 내어 보자. **낮은 목소리는 설득력이 높아지므로 발표하는 자리에 적합하다.**

높은 목소리는 머리에서 음을 울리는 느낌으로 연습한다. '응-' 소리를 점차 높여 가면 목에서 머리 쪽으로 목소리가 빠져나가는 게 느껴진다. 얼굴 근육, 눈과 코를 늘리는 느낌으로 목소리를 낸다. **높은 목소리는 사실을 솔직하게 전달하는 인상을 주고, 목소리가 멀리까지 닿아서 상대방의 기억에 남는다.** 다만 목소리가 너무 높으면 시끄럽게 느껴질 수 있으므로 적당히 높이 조절을 해야 한다.

호감 가는 첫인상 만들기-목소리와 말투④
고운 말과 거슬리는 말

 사람은 이미지로 사물을 판단한다. 이미지는 표면적인 요소에 불과한데도 그것을 사물의 본질이라고 오인하곤 한다. 이런 평가의 오류를 '헤일로 효과'라고 하는데, 그중 하나가 말투다. 말투는 그 사람이 살아온 환경에서 많은 영향을 받는다. 언어를 습득하는 과정에서 그 사람의 본질이 나타난다고 생각하지만, 의외로 사람들은 자기 생각을 말로 정확하게 표현하지 못한다. 그런데도 상대방은 그 말이 그 사람의 본심이라 생각하고 기분이 나쁘기도 하고 기분이 좋기도 하다.

 바꿔 말하면, **좋은 인상을 심어 주려면 말투에 마음이 드러난다고 믿는 심리를 적절히 이용하면 된다. 고운 말을 사용하면 고운 심성을 지닌 사람이라고 믿는 것도 일종의 헤일로 효과다. 고운 말을 쓰려면 우선 정중한 표현부터 익혀야 한다.**

 그 밖에도 습관적으로 사용하는 말투에도 유의해야 한다. 예를 들면 'ㅇㅇ하는 쪽이', '일단은 ㅇㅇ했습니다'와 같은 모호한 말은 가능하면 쓰지 않도록 한다. 'ㅇㅇ하지 않습니까?'라는 말투도 남에게 불쾌함을 준다. 동의하고 공감하기를 바라는 마음이 앞서서 이 표현을 사용하는 경우가 많은데, 자주 사용하게 되면 듣는 입장에서는 귀에 거슬린다.

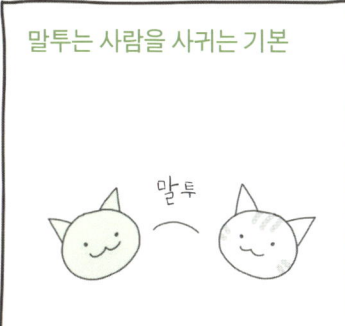

호감 가는 첫인상 만드는 법-목소리와 말투⑤
좋은 관계는 경어로 시작한다

사람은 표면적인 일부 정보만으로 상대방을 판단한다. 그러고는 그 사람의 본질을 파악했다고 확신한다. 예를 들면 영어나 프랑스어를 구사하면 똑똑한 사람이라고 생각한다. 물론 영리하면 어학습득 능력이 뛰어날 수도 있지만, 언어를 습득했다고 해서 반드시 영리한 것은 아니다. 영어를 구사하는 것과 두뇌가 명석한 것은 별개의 문제다.

이러한 오해는 말투에도 반영된다. 경어를 제대로 구사하는 사람을 보고 '가정교육을 잘 받았다', '집안이 좋다', '품위 있다'라고 높이 평가하고, 인간성까지 좋다고 평가하는 경향이 있다. 좋은 인상을 심기 위해서 '존경어', '겸양어' 등을 적절히 구사하도록 연습하기 바란다.

올바른 경어 사용은 타인을 배려하는 태도가 자연스럽게 몸에 배고, 인간성도 함양된다는 이점이 있다. 이는 형태가 본질을 바꾸는 현상으로 우리 주위에서 흔히 일어나는 일이다.

○ 존경어 - 말하는 쪽에서 상대방을 자기보다 높여서 표현하는 말

말하다 → 말씀하시다
보다 → 보시다
먹다 → 드시다
하다 → 하시다
가다 → 가시다

○ 겸양어 - 말하는 쪽에서 자신을 낮춰서 표현하는 말

나 → 저
우리 → 저희
만나다 → 만나 뵙다
말하다 → 여쭙다
찾아가다 → 찾아뵙다

호감 가는 첫인상 만들기-자세와 태도 ①
바른 자세는 신뢰감을 준다

바른 자세란 척추를 곧게 펴고 턱은 당기고 가슴은 앞으로 내밀고 얼굴은 똑바로 정면을 보는 자세를 말한다. 좋은 자세는 운동을 잘하는 스포츠 선수나 좋은 가정환경 등을 연상시키고, '착실한 사람일 것 같다'라는 내면적인 부분으로까지 발전하여 신뢰를 얻는다. 게다가 건강하고 아름다워 보인다는 이점까지 있다.

서 있는 자세에는 주의를 기울이다가도 의자에 앉으면 자세가 흐트러지는 사람이 있다. 앉는 순간 긴장이 풀어지기 때문이다. 앉아 있을 때도 바른 자세를 유지하도록 힘쓰자.

손동작에도 주의해야 한다. 손은 의외로 감정을 전달하는 데 중요한 부분이다. 상대방 앞에서 손을 무의미하게 자주 움직이거나 얼굴과 소지품 등을 만지작거리는 행동은 상대방에게 지루하다는 감정을 노골적으로 보내는 신호와 같다. 특히 여성은 대화가 지루하면 무의식적으로 머리카락을 만지는 경우가 많은데, 긴장은 풀더라도 손동작을 주의해야 한다는 것을 잊지 말기 바란다.

반면에 손을 적극적으로 움직여야 할 때도 있다. 대화할 때 가벼운 손짓을 추가하면 호감도가 올라간다. 손짓을 상대방은 무언가 열심히 알리는 표현의 하나로 인식한다. 따라서 '성실한 사람', '재미있는 사람'이라는 인상을 준다. 적당한 손짓의 범위는 목에서 배까지, 어깨만큼의 폭으로 하는 것이 무난하다.

호감 가는 첫인상 만들기-자세와 태도 ②
남들은 발도 본다

상대방의 눈에는 발의 움직임까지 들어오며 그것으로 그 사람을 평가하는 경우도 적지 않다. **발의 자세가 바르다고 해서 좋은 평가를 받는 것은 아니지만, 사소한 실수로 나쁜 인상을 심어 줄 수 있다.**

예를 들어 대화하면서 자신의 발을 상대의 발과 다른 방향에 두는 경우가 있다. 이는 대화가 지루하고 빨리 자리를 뜨고 싶다는 심정을 은연중에 표출한 심리 행동이며 무의식적으로 상대방에게 관심이 없다는 신호를 보내는 것과 같은 행동이다. 게다가 다리를 꼬았다 풀기를 반복하는 사람도 마찬가지로 상대방에게 집중하지 않는 행동이다. 상대방은 산만하여 신뢰하지 못할 사람이라고 평가하게 된다. 초면인 사람 앞에서 다리를 꼬는 행동은 실례이므로 피해야 한다.

이처럼 발도 손과 같이 무의식적인 마음 상태가 드러난다. 참고로, 거짓말을 하는 사람은 습관적으로 다리를 떨거나 꼰 다리를 번갈아 바꾸는 경향이 있다고 한다. 상대방의 거짓말을 간파하고 싶다면 얼굴보다 발을 보는 것이 훨씬 효과적일지도 모른다.

의자에 앉을 때는 편안한 자세로 발을 가지런히 바닥에 붙이도록 하자. 특히 서비스업이나 영업직 등에 종사하는 사람은 꼭 알아두어야 한다.

호감 가는 첫인상 만들기-자세와 태도③
상대방과의 적당한 거리를 파악하라

　첫 만남의 자리에서 자세나 태도도 중요하지만 나와 상대방과의 거리도 간과해서는 안 된다. 즉 상대방과 어느 정도 떨어진 거리에 서야 좋은지를 알아야 한다. 사람은 자신의 주위에 타인의 침범을 허용하지 않는 '개체 공간(personal space)'이라고 하는 영역이 있다.

　처음 만난 사람이라면 그 사람의 개체 공간에는 들어가지 않아야 한다. 친한 사람이 이 공간에 들어오면 기분이 좋아지지만 낯선 사람의 침입은 답답함과 긴장감을 느끼게 한다.

　개체 공간은 성별이나 성격에 따라 차이가 있다. 남성보다 여성의 개체 공간이 더 넓고, 성격이 외향적인 사람보다 내향적인 사람의 공간이 더 넓다. 또한 상대방과의 친밀도에 따라 거리가 좁혀지기도 하고 넓어지기도 한다. 첫 만남에서는 상대방의 개체 공간을 인정하고, 편안함을 느끼는 거리 유지에 신경 쓰기 바란다.

개체 공간의 이미지

남성
앞뒤 0.75~1.2m
옆 0.5~1m

여성
앞뒤 0.75~1.5m
옆 0.75~1m

※상대방과의 친밀도에 따라 거리는 차이가 있다.

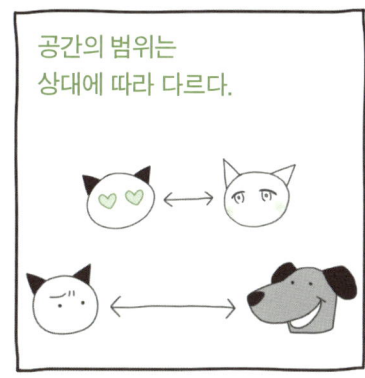

호감 가는 첫인상 만들기-말하는 내용
대화는 '깊이'보다 '다양한 화제'가 중요하다

첫인상을 결정지을 때 대화 내용은 그리 큰 영향을 미치지 않는다. 평소 관심을 두고 있던 이야기를 꺼내면 상대방은 밝은 표정을 보일 것이다. 호감도와 직결되기 때문에 결코 가볍게 여겨서는 안 된다.

우선 날씨나 계절을 소재로 한 이야기가 가장 일반적이다. 누구나 아는 공통적인 내용이라서 상대방의 반응을 쉽게 유도할 수 있다.

날씨나 계절에 관한 이야기는 그다지 흥미로운 화제는 아니므로 단순하게 날씨 인사로 끝내지 말고 그 화제를 밑거름 삼아 이야기를 이어 나가도록 한다. 예를 들면, "이런 추위에는 찌개가 제격이죠"라는 말에 이어서 "이 근처에 ○○라고 찌개를 맛있게 하는 가게가 있어요", "지난번에 특이한 찌개 요리를 먹어 봤는데"와 같이 이야기를 확대해 나간다. 상대방이 이야기에 흥미를 보이면, 그 부분에 대한 이야기로 끌고 나가면 좋다.

첫 만남의 대화는 이야기의 깊이보다 '다양한 화제'가 중요하다.

대화가 막혔을 때도 효과적으로 화제를 전환하는 방법이 있다. 상대방에게 질문하는 것이다. 질문에는 상대방이 대답하게 만드는 힘이 있다. 어떤 내용이라도 대답을 하게 마련이다. 예를 들면 "찌개는 어떤 찌개를 좋아하세요?"라는 식으로 대화를 이어가면 된다.

평소에 다양한 지식을 쌓아 두자

이야기 서랍 만들기

사람의 머릿속에는 얼마나 많은 이야깃거리가 들어갈 수 있을까? 뇌 과학자의 추정에 따르면 책 수십만 권 분량에 해당하는 내용이 저장된다고 한다. 이론적으로는 훨씬 더 많이 저장할 수 있다고 한다. 심리학자가 조사한 결과를 바탕으로 실제 수치를 계산해 보았다. 그 결과 머릿속에는 약 20시간을 이야기할 만큼의 대화 소재가 들어 있다고 한다.

사람은 기억을 불러올 때 서로 복잡하게 얽혀 있는 신경세포에 신호를 보내 기억을 재현한다. 선명한 기억은 금방 떠올라 신호가 잘 통하지만, 신경세포가 끊어져 버렸거나 작동하지 않을 때는 기억이 잘 나지 않는다. 이야기하다가 갑자기 오래전 기억이 되살아났다면 신경세포가 그 이야기를 계기로 다시 연결된 것이다.

즉 머릿속에는 이야깃거리가 담긴 서랍이 무궁무진하게 많다. 열리지 않는 서랍도 수없이 많지만, 제때 사용하지 못하는 경우도 부지기수다. 두뇌 속 이야기 서랍은 자주 사용할수록 쉽게 열린다.

어떠한 분야라도 상관없다. 우선 자신이 관심 있는 분야의 책부터 읽도록 하자.

호감 가는 첫인상 만드는 법-총정리
첫인상은 모든 감각의 종합 평가 결과다

마지막으로 호감 가는 첫인상 만드는 방법을 정리해 보자.

1. 외모·분위기

첫인상에서 외모는 매우 중요하므로 상대방에게 호감을 주는 외모로 잘 가꾸어야 한다. 의식적으로 단정한 옷차림에 신경 쓰고 좋은 인상을 주도록 한다. 옷이나 넥타이 색도 세심하게 신경을 쓰자.

2. 표정·시선

표정에서 가장 좋은 인상을 주는 요소는 '웃는 얼굴'이다. 언제든 멋지게 웃을 수 있도록 연습해 두자. 또한 상대방에게 흥미를 느끼면 자연스럽게 호감 가는 눈매와 시선이 만들어진다.

3. 목소리·말투

목소리는 상대방에게 똑똑히 들리도록 하고 말끝은 분명하게 한다. 말하는 속도를 상대방에게 맞추면 편안하게 느낀다. 고운 말씨 또한 좋은 인상을 심어 줄 확률이 높다.

4. 자세·태도

좋은 자세는 착실해 보이는 인상을 주어 상대방에게 신뢰감을 준다. 지루하다고 느끼는 순간 손과 발의 매무새가 흐트러지는 경향이 있으므로 주의를 기울여야 한다. 상대방과 함께 있을 경우에는 너무 바짝 다가가지 말고 적당한 거리를 두는 편이 무난하다.

5. 대화 내용

최대한 상대방의 흥미를 끌 만한 화제를 찾는다. 얼마나 화제가 다양한지가 중요하다. 평소에 이야기 소재를 모아 두는 습관을 갖자. 대화가 막힐 때는 상대방에게 질문하면 자연스럽게 이어진다.

사람은 뭔가를 판단할 때 압도적으로 시각에 의존한다. 첫인상 역시 시각 영향을 크게 받는다. 그러나 여기까지 읽은 현명한 독자는 이미 시각은 부분에 불과하다는 사실을 눈치챘을 것이다. 사람은 외모, 분위기, 표정, 시선, 자세, 태도를 보는 시각과 목소리, 말투를 듣는 청각, 냄새를 맡는 후각 등 여러 감각기관을 총동원하여 첫인상을 판단한다. 질감뇌정보학(brain and information science on material perception) 연구에서 시각 정보는 시각만이 아니라 피부로도 보고, 소리 정보는 귀뿐만 아니라 피부로도 듣는다는 결과도 있었다. 이는 피부가 소리의 판단 기준 역할까지 한다는 방증이다.

시각이나 청각으로 인지하지 못하는 색이나 소리를 접하고 '왠지 모르게' 그 색에 끌린다거나 그 소리가 깊이 있다고 느끼는 경우가 있다. 사람은 다양한 감각기관을 사용하여 판단을 내리기 때문일 것이다. 사람은 온몸으로 사물을 판단한다는 뜻이다. 따라서 시각뿐 아니라 판단에 관여하는 여러 감각기관을 민감하게 발달시켜야 한다.

> Tip

악수의 힘

사람은 상대방을 판단할 때 시각을 중심으로 여러 감각기관을 총동원한다. 외모, 분위기, 표정, 시선, 자세, 태도를 포착하는 시각, 목소리 톤과 화법을 포착하는 청각, 그리고 냄새를 포착하는 후각 등 감각기관 전체를 활용한다.

하지만 그중에 촉각은 빠져 있다. 다른 감각을 응용해서 대화를 마친 후에는 마무리로 악수를 해 보자. 악수는 촉각을 자극하여 한층 더 깊은 인상을 남긴다는 사실을 기억해 둘 필요가 있다. 사람들과 자연스럽게 의사소통을 할 수 있게 되었다면 한 걸음 나아가 적극적으로 악수를 청해 보자.

정치인이 선거 활동에서 악수를 하는 이유도 이러한 심리 효과를 염두에 둔 것이다. 여성이 남성에게 청하는 악수의 효과는 크다. 하지만 남성이 여성에게 청하는 악수는 상대방에게 불쾌감을 줄 위험이 있으므로, 기본적으로 남성은 여성에게 악수를 청하지 않는 편이 좋다.

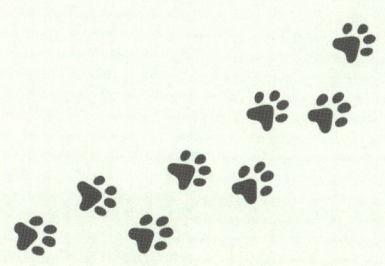

남에게 사랑받는 대화, 남이 싫어하는 대화

돈독한 인간관계를 맺는 데에 대화의 역할은 매우 크다. 대화의 기본자세부터 상대방을 기쁘게 하는 대화술까지 사랑받는 대화와 질문을 심리학적으로 접근하여 설명하겠다.

대화의 기본은 예절이다
호감을 주는 대화의 기본

예절은 사람이 갖추어야 할 기본자세로, 사람을 대할 때 매우 중요하다. 타인을 존중하는 마음이 없으면 예절로써 사람을 대할 수 없다. 상대방에게 예절을 지키면 '당신은 내게 매우 소중한 사람입니다'라는 뜻이 전해지고, 상대방 역시 '저 사람은 나를 소중히 여긴다'라고 느낀다. 이러한 경향은 나이가 들수록 더욱 뚜렷해진다. 그러므로 **연배가 위인 사람에게는 다소 과하다 싶을 정도로 예의 바르게 행동하자. 자신을 기분 좋게 해준 사람에게 상대방은 호의를 갖는다.** 특히 중장년층에게는 예절만 잘 지켜도 좋은 관계를 맺기 쉽다.

예절의 기본은 인사다. 인사는 좋은 인간관계를 만드는 바탕이자 대화에 앞서 중요한 역할을 한다. 대화 전에 바른 자세와 분명한 목소리로 건네는 인사는 기본 중의 기본이다. 아무리 매력적인 사람이라도 '안녕하세요', '감사합니다', '수고하셨습니다'와 같은 인사말을 제대로 쓰지 못하면 아무리 깊이 있는 대화를 했더라도 신뢰를 얻을 수 없다.

예절이나 인사는 속마음이 반영되는 경우가 많다. 마음을 담아 인사하다 보면 실제로도 존경심과 고마움이 생겨난다. 그러면 예절이 몸에 배어 자신의 인격적 성장에도 도움이 된다.

2장 남에게 사랑받는 대화, 남이 싫어하는 대화

처음 만난 사람의 이름을 반드시 기억하자
이름은 외워서 즉시 불러주자

처음 만난 사람의 이름은 반드시 외우도록 한다. 만약 상대방의 이름을 잘 알아듣지 못했다면 다시 물어보고 분명하게 기억해야 한다.

사람들은 무의식중에 명함을 받았을 때 상대방의 이름을 기억하지 않아도 나중에 명함을 꺼내 보면 된다고 생각한다. 그러다 대화하는 도중에 '어, 이름이 뭐였지?' 하며 명함을 다시 꺼내 보는데 이러한 행동은 때에 따라 상대방에게 실례가 된다. **상대방의 이름은 소개하는 순간에 집중해서 듣고 기억하고, 그 사람의 이름을 넣어서 대화하는 습관을 들이자.** 상대방은 기분이 좋고, 나는 상대방의 이름을 잊지 않을 확률이 높아진다.

반대로 자신의 이름을 상대방이 기억해 주길 바란다면 처음 소개할 때와 마찬가지로 헤어질 때 다시 한번 자신의 이름을 말하는 것이 효과적이다. 또한 대화 중간에 자연스럽게 자신의 이름을 넣거나 마지막에 재치 있게 알려 주어도 좋다.

며칠 지나 다시 만나면 상대방의 얼굴과 이름이 일치하지 않을 때가 있다. 대부분 상대방의 이름이라는 언어 정보와 얼굴이라는 시각 정보를 단순히 조합하기 때문이다. 얼굴을 기억할 때는 '곰같이 생긴 사람', '24시간 일만 할 것 같은 사람' 등 처음 만났을 때 느꼈던 이미지를 겹쳐서 기억하면 잊히지 않는다. 꼭 시도해 보기 바란다.

2장 남에게 사랑받는 대화, 남이 싫어하는 대화

'말 잘하는 사람'보다 '잘 듣는 사람'이 되자
사람은 자신의 이야기를 잘 들어 주는 상대를 원한다

만남의 자리를 불편해하는 대부분의 사람은 '만남' 자체가 아니라 '대화'가 어렵다고 말한다. 잘 알지도 못하는 사람과 무슨 말을 해야 할지 모르겠고 어렵게 말을 붙여도 그 대화는 금방 끊긴다. 침묵은 참으로 견디기 힘들다.

이처럼 대화에 능숙하지 않더라도 너무 신경 쓰지 말자. 오히려 억지로 말을 이어 가려 애를 쓸수록 분위기는 더욱 어색해진다. 대화에서 중요한 것은 매력적으로 말하는 능력이 아니라 상대방의 이야기를 어떻게 듣느냐, 라는 점이다. 대화는 '말하기'보다 '듣기'가 더 중요하기 때문이다.

사람은 기본적으로 상대방이 자신의 이야기를 들어 주고 자신을 이해해 주기를 바란다. **상대방의 이야기를 들으려는 욕구보다 자신의 마음속에 있는 불만이나 기쁨 등의 감정을 상대방이 공감해 주기를 바라는 욕구가 훨씬 더 강하다.** 그러므로 인간관계에서는 상대방의 이야기를 경청하고 그 사람의 감정을 헤아리는 일이 매우 중요하다.

호감을 느끼는 대화의 기본은 상대방의 이야기를 듣고 그 이야기에 공감하는 데에 있다. 그런 다음 상대방에게 공감한다는 의사를 전하고 자기 생각이나 경험 등을 짧게 덧붙여 말한다. 이야기가 진행되다가 침묵이 흐르면 상대방에게 질문을 던져 보라. 그러면 다시 대화가 부드럽게 이어지므로 침묵이 두렵지 않게 된다.

2장 남에게 사랑받는 대화, 남이 싫어하는 대화

상사의 말을 들을 때는 메모하는 습관을 들이자
상대방의 말을 어떻게 들으면 좋을까

잡담 정도라면 그냥 들어도 괜찮지만, 상사나 선배가 업무에 관해 조언할 때는 반드시 메모지를 꺼내 요점을 기록하자. 간혹 메모하는 것을 꺼리는 사람도 있으므로 '메모해도 될까요?'라고 양해를 구하는 것이 좋다.

메모하는 내용보다 메모하는 행위 자체가 더욱 중요하다. 이와 같은 행위는 '당신의 이야기는 가치가 있습니다'라는 뜻을 내포한다. 따라서 상대방에게 자신은 가치 있는 존재라고 느끼게 해 준다.

그렇다고 짧은 조언을 적거나 메모지만 뚫어지게 쳐다봐서는 안 된다. 상대방의 얼굴을 보면서 적절하게 고개를 끄덕이며 중요한 부분을 메모한다. 또한 메모할 때는 메모지를 탁자에 놓지 말고 손에 들고 쓰도록 한다. 메모지를 탁자에 놓고 쓸 경우 상대방에게 메모 내용이 보이게 되는데, 혹여 요점을 놓친 채 메모하고 있기라고 하면 그것을 본 상대방은 맥이 풀리기 때문이다.

따라서 상사나 선배가 언제 이야기를 시작할지 알 수 없으므로 메모지와 펜을 항상 지니고 다녀야 한다. 필기도구를 잘 챙겨서 다니면 좋은 평가를 얻을 수 있다. 그리고 상사나 선배의 조언이 끝나면 잊지 말고 감사 인사를 한다.

대화의 기본자세는 상대방과의 공감
대화는 공감하면서 들을 것

    대화는 정보를 전달하거나 의뢰하는 수단이기도 하지만 자신의 마음 상태에 대한 공감을 상대방에게 얻어내는 수단이기도 하다. 아무리 긴 시간 대화를 나눴더라도 공감해 주었으면 하는 상대방의 속내를 알아채지 못했다면 결코 호감 가는 대화를 나눴다고 할 수 없다. **우리는 상대방의 말속에 숨겨진 '공감을 얻고 싶다'라는 감정을 간파하지 못하고 대화를 단순한 정보 전달의 수단으로만 여기는 잘못을 범한다. 그러한 대화는 의사소통을 제대로 한 것이 아니다.**

    현대인들은 과거와 비교해 상대방의 기분을 이해하는 능력이 현저히 떨어진다. 통신 기술이 발달하면서 전화나 이메일, 메시지 같은 작은 정보만으로 상대방의 생각을 이해해 온 결과다. 전화는 얼굴을 마주 보지 않고 목소리와 대화 내용만을 전달한다. 또한 이메일이나 메시지는 문장 정보밖에 전달할 수 없다. 따라서 현실적으로 다양한 감각기관을 동원해서 상대방의 감정 정보를 파악하는 능력이 떨어질 수밖에 없다.

    상대방의 기분을 이해하려면 울거나 웃거나 화내는 등의 정서 체험을 많이 하는 것이 중요하다. 그러나 예전과 달리 현대사회는 감정을 억누르고 살아가는 사람들이 많다. 그러한 현실도 정서 체험에 영향을 미쳤을 것이다.

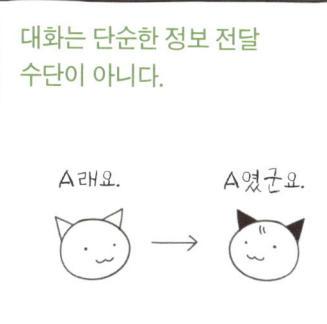

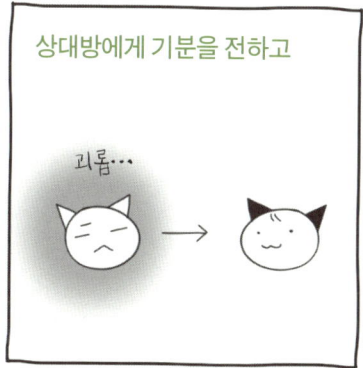

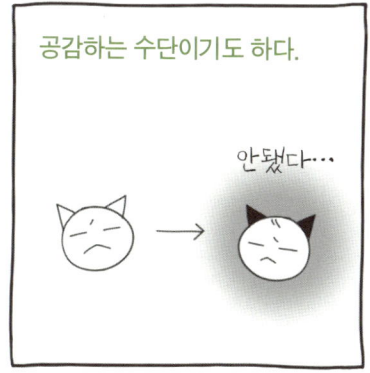

상대방이 기뻐하는 공감 반응 ①

다양한 상황에 맞춰 자주 고개를 끄덕인다

상대방의 이야기를 들으며 **적절하게 고개를 끄덕이는 행동은 당신의 이야기를 듣고 있다는 표현과 이야기 내용에 동의한다는 의미를 동시에 나타낸다.** '듣기'가 아닌 '듣는 자세 보여 주기'가 중요하다.

사람의 귀는 수많은 잡음 속에서도 자신이 듣고 싶은 소리만 선별해서 듣는 능력이 있다. 이는 매우 놀라운 능력으로, 심리학에서는 '칵테일 파티 효과(Cocktail party effect)'라고 한다. 사람은 상대방의 말을 각별히 경청하지 않더라도 그 내용을 선별해서 듣는다. 그러나 그런 태도를 보이면 상대방은 불쾌감을 느낀다.

그저 듣기만 하면 상대방이 불안해지므로 고개를 끄덕이며 호응해야 한다. 단순히 고개만 끄덕이는 게 아니라 될 수 있는 대로 상대방의 눈을 보며 끄덕여야 한다. 대화에서 감동한 듯이 고갯짓에 강약을 조절해서 들으면 좋다.

일상적인 대화라면 적당한 간격을 두고 가볍게 고개를 끄덕인다. 그리고 대화의 핵심 부분에서는 고개를 조금씩 끄덕이거나 천천히 크고 깊게 끄덕인다. 어느 부분이 핵심인지 모르겠다면 상대방의 표정이 밝아지는 순간을 포착한다. 이러한 사항들을 적절하게 활용하여 이야기를 들으면 상대방은 당신이 자신의 이야기를 열심히 듣는다고 생각한다.

상대방이 기뻐하는 공감 반응②
크게 소리 내어 웃자

만약 상대방이 재미있는 이야기를 꺼냈다면 확실하게 큰 소리로 웃는다. 혹은 재미있을 것 같은 농담에도 소리 내어 웃는다. 이 행동은 즐거운 기분에 공감했다는 표현이자 상대방에게 남을 즐겁게 했다는 성취감을 맛보게 한다. 충만한 성취감을 맛본 상대방은 자신에게 그런 기분을 느끼게 한 사람에게 호의를 갖게 된다.

이제껏 대화하면서 잘 웃어 준 사람과 이야기 나눴던 기억을 더듬어 보라. 확실히 기분이 좋아질 것이다. 덧붙이면, '웃는 얼굴'과 '웃음'을 비슷하다고 인식하지만, 사실은 전혀 다르다. 웃는 얼굴은 능동적인 의사소통을 위한 자기표현이고, 웃음은 수동적인 개인감정의 자기표현이다. 재미있는 이야기를 들으면 무의식중에 표정을 부드러워지고 싱긋 웃게 되는데, 그 점이 중요하다.

따라서 자신의 마음이 움직였다는 것을 표현하기 위해서라도 크게 '웃는 것'이 상대방을 기분 좋게 한다. 웃을 때 '아하하' 하고 소리 내어 웃는 것이 포인트다. 소리 내어 웃으면 기분이 한결 좋아진다. 무엇보다도 뇌의 신경전달물질인 세로토닌이 분비되어 행복한 감정이 생기므로 짜증 같은 부정적인 감정은 억제된다. 결과적으로 대화는 더욱 무르익고 즐거워진다.

2장 남에게 사랑받는 대화, 남이 싫어하는 대화

상대방이 기뻐하는 공감 반응③
크게 놀라고 크게 감동하자

'웃기' 이상으로 상대방이 기뻐하는 반응 중 하나가 '놀라기'다. 직장 상사나 선배의 경우 자기 자랑을 늘어놓는 경우가 많다. 그러면 무심코 '또 시작이야'라며 싫은 내색을 하기 십상이다. 그러나 그럴 때는 자연스럽게 "대단하네요" 또는 "정말요?"라며 놀란 목소리로 반응하면 상대방은 우쭐하며 기뻐한다. **기분이 좋아진 상대방은 더욱 의기양양해져서 말할 것이다. 이때 눈을 반짝이며 상대방을 바라보면 더욱 효과적이다.** 그러면 당신에 대한 상대방의 호감도가 쑥 올라갈 것이다.

사람은 자신이 한 말이 타인에게 큰 영향력을 미친다고 느낄 때 뿌듯해진다. 이러한 심리를 이용하여 상대방의 말에 큰 영향을 받은 듯한 표현을 지어 보자. 대화의 끝에는 "다음에도 재미있는 이야기 들려주세요", "와, 정말 놀라워요", "○○ 씨의 이야기는 항상 재미있어요" 등의 인사말을 하면 상대방은 당신에게 좋은 인상을 받는다.

이 방법은 말을 듣는 사람이 많고 적음에 따라 놀람과 감탄의 방식을 적절히 조절할 필요가 있다. 많은 사람 앞에서 혼자만 요란스럽게 반응하면 '경박하다' 또는 '아첨한다'라는 나쁜 평가를 받아 결과적으로 고립되기 쉽다. 주위 사람들의 반응을 보고 강약을 조절하면서 적절하게 반응하자.

상대방이 기뻐하는 공감 반응④
공감 언어 사용하기

앞에서 말한 '고개 끄덕이기', '웃기', '놀라기', '감동하기'와 같은 일련의 공감 반응을 이해했는가? 어렵게 생각하지 말고 그저 말하는 이의 입장에서 듣는 이가 해 주었으면 하는 반응을 나 스스로 직접 하면 된다. 공감 반응을 응용하여 함께 '울기', '화내기'와 같은 반응을 해 보는 것도 좋다.

동료가 당신에게 "오늘 지각해서 과장님께 꾸중을 들었어"라고 말했다. 당신은 어떤 대답을 하겠는가?

우리는 대뜸 "좀 더 일찍 일어나지", "왜 그랬어? 지하철이 늦게 왔어?"라고 말한다. 이는 직접적인 조언이나 원인을 찾는 표현인데 이러한 대답도 나쁘지는 않다. 하지만 **상대방이 '혼났다'는 상황을 설명한다는 건 누군가가 자신의 기분에 공감해 주길 바란다는 의미다.** 이러한 예측을 반영하여 "과장님은 너무 엄하서", "힘들겠다" 등 **상대방의 기분이 완화될 수 있도록 공감 언어를 사용하는 방법도 있다.**

이것은 사고 훈련이기 때문에 처음부터 신경 써 가며 사용하기는 어렵다. 그러나 연습하다 보면 차츰 언어와 어휘의 선택폭이 넓어지고 상황에 맞춰 조언과 공감 언어를 적절하게 선택하는 능력이 생겨난다.

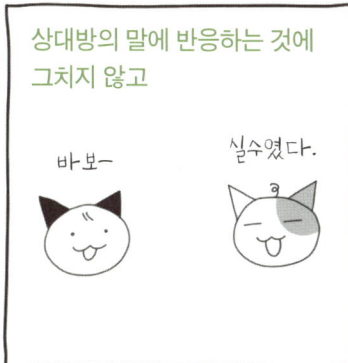

2장 남에게 사랑받는 대화, 남이 싫어하는 대화

대화가 막힐 때, 이런 질문이 좋다 ①
질문으로 침묵을 깨뜨리자

대화에 익숙하지 않은 사람은 침묵이 두렵다. '무슨 말이든 꺼내야 할 텐데'라는 압박감을 느끼며 머릿속에서 단어들이 빙글빙글 맴돈다. 침묵이 흐르는 상황이라면 상대방에게 질문을 던져서 대화를 이어 나가자. 심리학적 측면에서도 질문은 큰 이점이 있다. 상대방에게 질문하는 행위는 '나는 당신에게 흥미가 있습니다'라는 신호다. 이상한 질문이 아니라면 누구나 질문한 사람에게 호의를 느낀다. 이러한 심리 효과를 놓치지 말고 활용해야 한다.

지금까지 화제로 삼았던 이야기를 깊이 생각해 본다

대화 도중에 갑자기 말문이 막혀 침묵이 흐르더라도 화제를 전환하지는 말자. 상대방에게 큰 결례가 되기 때문이다. 이야기가 정리되었어도 상대방은 아직 할 말이 더 남아 있을지도 모른다. 대화가 끊기기 전까지 상대방이 했던 말의 핵심을 기억해 두었다가 다시 그 이야기를 본격적으로 파고들어 본다. 예를 들면 상대방이 맛있기로 유명한 식당과 추천 요리에 관해 이야기했다고 가정하자.

· **식당의 이름을 재확인하고 구체적인 위치를 질문한다**
→ (당신의 추가 대화) "○○ 씨가 말한 곳이니까 한번 가 보고 싶어서요."
→ (상대방의 감정) 자신의 이야기가 상대방의 행동을 촉진했고, 더욱이 상대방이 자신을 신뢰해 주었다. 자신이 가치 있는 이야기를 했다며 만족스러워한다.

※ 기초적인 질문이다. 대화 내용에 대해 관심이 있었음을 알리는 정도다.

· **식당의 추천 요리를 질문한다**
→ (당신의 추가 대화) "지금 추천하신 요리 말고도 ○○ 씨가 꼭 권하고 싶은 요리가 더 있나요?"
→ (상대방의 감정) 앞에서는 거론하지 못했지만 맛있다고 생각하는 다른 요리를 설명할 수 있어 기분이 좋아진다.

※ 음식과 관련된 이야기를 들을 때 "와! 굉장해요", "한번 먹어 보고 싶어요"와 같이 적극적으로 호응한다.

· **식당이나 요리의 배경을 질문한다**
→ (당신의 추가 대화) "그 요리의 재료 ○○은 지금이 제철이군요. 철을 놓치면 좀처럼 먹기 어렵죠. 지금 먹는 제철 음식, 다른 게 또 뭐가 있을까요?"
→ (상대방의 감정) 자신의 요리 지식을 말할 수 있어 기분이 좋아진다. 이야기가 즐겁다.

※ 상대방의 지적인 부분을 자극하는 질문으로 제철 음식 외에 요리사나 음식에 관한 내용 등 화제의 폭이 넓어질 것이다. 만약 상대방이 대답하지 못할 경우에는 깊이 파고들지 않는다.

대화가 막힐 때, 이런 질문이 좋다②
질문하는 요령

　대화의 흐름을 끊지 않고 효과적으로 질문하는 사항을 주제별로 정리해 보았다. 대화가 자꾸 막힐 경우 참고하자.

[대화 내용에 관련된 질문]

구체적인 예를 묻는다
대화 도중 추상적인 표현이나 막연한 이야기가 나오면 "구체적인 예를 말씀해 주세요", "좀 더 자세히 듣고 싶어요"라고 묻는다. 구체적인 예를 듣게 되면 상대방이 하는 이야기의 맥락을 파악하기 쉬워진다. 또한 이야기의 폭이 넓어지기도 한다.

같은 내용을 바꾸어 말해 본다
상대방을 무의식적으로 기쁘게 하는 방법이 있다. 그것은 상대방이 한 말을 다른 말로 바꿔서 질문하는 것이다. 그것이 질문 같지 않은 질문이더라도 괜찮다. 이를테면 "그건 즉 ○○하게 되는 거군요"라고 상대방이 한 이야기에 자신의 말이나 생각을 적용해 본다. 이는 상대방의 말을 내가 이해하고 받아들였다는 표현이기도 하다.

[상대방과 관계된 질문]

어떤 일을 하는지 질문한다
장소에 따라 다르지만 일반적으로 업무와 관련된 이야기는 대화를 원활하게 이어 갈 수 있는 질문 중 하나이다. 자신감은 자신의 직업과 비례한다는 조사 결과가 있다. 자신감 있어 보이는 사람에게는 무슨 일을 하는지 물어보는 게 좋다. 이 질문은 매우 유용하다. 질문을 받은 상대방은 자신감이 있는 만큼 수다스럽게 대화를 이어 갈 것이다.

쉬는 날에는 무엇을 하며 보내는지 묻는다

상대방의 취미나 특기 등을 말하게 하려는 질문으로, 두 가지 방법이 있다. 우선 상대방이 재미있는 취미나 특기를 가지고 있다면 감탄하며 관심을 표한 후, 궁금했던 점을 물어보며 이야기에 집중한다. 상대방은 즐거운 마음으로 말할 것이다. 두 번째 방법으로는 상대방과 자신의 비슷한 관심사나 특기를 찾는다. 공통된 취미가 있다면 상대방과의 거리가 단박에 가까워지고 당신도 훨씬 편한 마음으로 말할 수 있을 것이다.

최근 즐거웠던 일은 무엇이었는지 묻는다

상대방과의 대화가 조금 진전된 후라면 할 수 있는 질문이다. 즐거운 이야기를 하면 말하는 쪽과 듣는 쪽 모두 행복해진다. 구체적으로 질문거리를 몇 가지 준비했다면 그 질문으로 분위기를 띄워 이야기를 진행해 나간다. 이때 상대방의 대답이 시큰둥할 때는 자신이 좋아하는 것을 소재로 삼는다.

대화가 막힐 때, 이런 '질문'이 좋다③

상대방과 관련된 질문과 일반적인 질문

[상대방과 관련된 질문]

출신지에 대한 질문

고향에 관한 화제는 잘 맞아떨어지면 분위기가 한층 고조된다. 상대방과 자신의 고향이 같거나 가까우면 금방 친근감이 든다. 고향이 가깝지 않더라도 자신이 가 봤던 곳이라면 그 장소를 높이 평가하면 된다. 자신의 고향에 대한 칭찬을 듣고 싫어할 사람은 없을 것이다. 자신의 고향에 대해 호의적으로 말하는 사람은 좋은 사람으로 인식된다.

가족에 관한 질문

가족에 관한 질문은 조심스럽다. 우선 가까운 사이라면 상대방의 가족 구성을 잘 알아야 한다. 자녀가 있는 경우에는 대부분 아이에 관한 질문을 하면 좋아한다. 일상적인 소소한 이야기라도 상대방은 즐겁게 말해 줄 것이다. 가족 구성조차 모를 경우에는 가족에 관한 질문은 피하는 것이 좋다.

[일반적인 질문]

화제의 책, 영화에 관한 질문

상대방이 유행에 민감한 사람이라면 요즘 주목받는 책이나 영화를 봤는지 물어보자. 상대방에게 배우는 자세를 취하는 것이 좋다. 선호하는 책이나 영화 등의 취향에 그 사람의 성격 특성이 나타나기 마련이다. 이후의 대화나 질문은 이러한 소재를 응용하면 좋다. 혹시 상대방이 흥미를 느끼지 못할 때를 대비해 '그 작품은 ○○ 부분이 좋았습니다', '저는 △△라고 생각했습니다'와 같은 자신의 감상을 준비해 두도록 하자.

건강 관련 질문

대부분 중년이 되면 자연스럽게 건강에 관심을 갖는다. 그러므로 건강 상품이나 건강 관리법에 관한 질문도 효과적이다. 생각보다 건강에 관한 화젯거리를 좋아하는 사람이 많다. 기본적으로 지식을 전수받는다는 자세를 취하면 좋다.

긍정 언어 커뮤니케이션을 추천한다
밝은 표현을 쓰면 사랑받는다

급격히 기온이 떨어진 한겨울 아침이다. 회사에 출근해서 상사와 얼굴을 마주했을 때 당신이라면 무슨 말을 하겠는가?

"와, 정말 춥네요."

"이렇게 추운 아침은 너무 끔찍해요."

보통 이렇게 말한다. 위의 대답도 잘못된 건 아니다. 대화에는 정답도 오답도 없다. 그저 상대방의 기분을 파악하고 공감하는 것이 대화의 기본이다.

그러나 잠시 발상을 전환해 보자. "회사에 들어오니 따뜻해서 좋아요"와 같은 긍정적인 표현을 하는 건 어떨까?

의식적으로 긍정적인 표현을 쓰다 보면 자연스럽게 긍정적인 기분이 든다. 사람에게는 부정적인 말을 들으면 부정적인 기분으로 대답하고, 긍정적인 말을 들으면 긍정적인 기분으로 대답하려는 심리가 있다. 따라서 대화를 할 때는 가능한 한 긍정적인 표현을 써야 한다. 그러면 상대방도 긍정적인 반응을 보인다. '아마 안 될 거야'라고 생각하지 말고 '가능성은 충분히 있어'라고 긍정적으로 생각하자.

혹시 폭설이 내려 대중교통이 마비되고 모두 걱정하는 상황이라면 균형을 맞춰 조절하는 것이 중요하다.

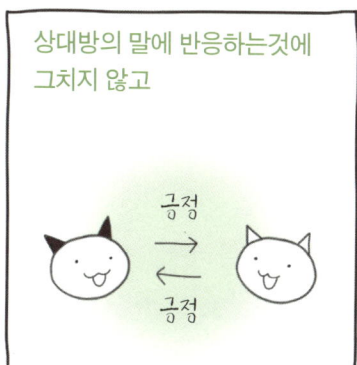

이야기를 센스 있게 마무리하는 사람은 좋은 인상을 준다
상대방을 기쁘게 하는 대화 방법

사람들은 '이왕 나누는 대화인데 상대방에게 강한 인상을 심어 주는 말이 없을까?'라고 고심한다. 앞에서 설명했듯이 먼저 상대방의 이야기를 듣고 공감하면서 질문하는 자세가 바람직하다. 다양한 분야의 재미있는 정보와 생활에 유용한 정보 등도 좋다. 상대방은 자신이 관심 있는 분야에 귀를 기울이고 열중하기 마련이다.

자신에 대한 이야기는 어떻게 하면 좋을까? 일반적으로 과거에 경험한 업무나 여행했던 곳을 대화 내용에 넣는 것도 좋다. **상대방과 공통점이 생기면 친근감과 호감을 얻기 쉽다.** 하지만 자신의 이야기를 잘못 말하면 단순한 자기 자랑으로 들릴 수도 있으니 재미있는 사연을 하나 덧붙이는 게 요령이다.

예를 들어 해외여행 이야기를 한다면 "저는 남태평양 섬나라를 가본 적이 있어요"라고 단순한 사실을 전하는 게 아니라 "어떤 섬을 다녀왔는데 그곳에서 목각 장인이 정성 들여 새겼다는 조각상을 샀어요. 기분이 좋았는데 돌아오는 길에 공항 선물 코너에서 똑같은 조각상이 절반도 안 되는 가격에 진열되어 있더라고요. 장인은커녕 허접한 공장 물건이더라고요"라고 말하고 마지막에는 "제가 좀 바보 같죠?"라며 웃음을 유발하는 말로 이야기를 매듭짓는 습관을 들여 보자. 센스 있는 결말은 상대방의 기억에 오래 남는다.

상대방이 싫어하는 대화 방식
상대방이 싫어하는 대화①

1. 상대방이 이야기할 때 무슨 말을 해야 할지 생각하지 말라

　상대방과 대화하는 도중에 '다음은 무슨 질문을 할까?' 혹은 '무슨 말로 기쁘게 할까?'라고 머릿속으로 작전을 짜는 사람은 상대방이 말하는 내용을 건성으로 듣게 되어 핵심 부분이나 자신에게 하는 질문을 놓치는 등 큰 무례를 범하게 된다. 상대방이 이야기할 때는 확실하게 듣고 있다는 반응을 보이며 진지하게 들어야 한다.

2. '나는…', '나는 말이야'라며 대화의 중심에 들어가려 하는 사람

　두 사람 이상의 대화에서 "나는…"이나 "나는 말이야"라며 줄곧 자신의 의견 또는 자기에 관한 이야기만 하는 사람이 있다. 이것은 사람들에게 '주목받고 싶다'거나 '칭찬받고 싶다'라는 심리가 작용한 결과다. 이러한 사람은 이야기를 흐지부지 끝내고 내용 자체도 지루하다. '대화의 주인공은 상대방'이라는 것을 전제로 '내 이야기는 덤'이라고 생각해야 한다.

상대방이 싫어하는 대화 방식

상대방이 싫어하는 대화②

3. 갑자기 개인적인 질문은 하면 안 된다

갑자기 개인적인 질문을 던지는 것은 실례다. 모임의 성격에 따라 다르지만, 문득 애인은 있는지, 어떤 집에 사는지 등 개인적인 질문을 집요하게 할 경우 싫어하는 사람도 있다. 첫 만남에서 그런 질문을 하면 상대방은 거부감을 느끼고, 마음의 벽을 만들게 된다.

4. '듣기'보다 '해결'하려 든다

대부분의 남성은 말하면서 문제를 해결하려 들거나 조언하려 든다. 하지만 남성에게 말하는 여성의 대부분은 해결을 바라고 말하는 게 아니다. 첫 대화에서는 상대방의 문제를 해결하려 들지 말고 그의 기분을 이해하도록 노력하자.

5. 남의 말을 가로막는다

똑똑한 사람은 상대방의 말을 끝까지 듣지 않아도 결론에 도달한다. 그러나 대화를 빠르게 진행하려는 마음이 앞서 상대방의 말이 채 끝나기도 전에 자신의 의견을 말하는 사람도 있다. 이러한 행동은 절대 금물이다.

2장 남에게 사랑받는 대화, 남이 싫어하는 대화

3장
깊이 있는 인간관계를 만드는 심리학적 요소

첫 만남 후 시간이 지나 다시 만났을 때도 자신의 인상을 좋은 방향으로 끌어올릴 수 있고, 상대방과 깊이 있고 돈독한 관계를 맺을 방법이 있다. 제3장에서는 심리학과 뇌과학적 시점에서 깊이 있는 인간관계를 형성하는 기술을 소개한다.

실패하지 않는 두 번째 인상

첫 만남 이후에 좋은 인상을 만드는 기술

만약 첫인상에 실패했을 경우 그냥 포기해야 할까? 이미 관계가 형성된 상대지만 그에게 좀 더 나은 인상을 주어 관계를 개선하는 건 어려운 일일까? 결론부터 말하자면 그렇지 않다.

첫 만남부터 확실하게 좋은 인상을 주었다면 좋았겠지만, 세상일은 내 마음처럼 되지 않는 경우가 많다. 하지만 형성된 첫인상을 되돌릴 방법은 얼마든지 있다. 첫인상이 형성된 후에 만들어지는 '두 번째 인상'에서 상대방에게 좋은 인상을 남기면 그만이다. 두 번째 인상을 이용하면 초두 효과를 극복하고 더욱 돈독한 관계를 맺게 된다. 이러한 패턴은 연애에서 흔히 볼 수 있다. 처음에는 싫어했던 상대방을 어떤 사건을 계기로 좋아하고 결국 결혼까지 하는 커플도 있다.

첫인상은 주로 겉모습의 영향을 받지만, **두 번째 인상은 내면적인 부분의 영향이 강하다**. 성격이나 인간성은 어떠한지 또는 무엇을 좋아하는지 등 대화나 행동을 통해 드러나는 것이 두 번째 인상이다. 여기에 의외성, 다시 말해 반전이 더해지면 더욱더 효과적이다.

상대방 '칭찬하기'는 기본

사람은 자신을 칭찬해 준 사람에게 호의를 갖는다

'칭찬하기'는 상대방과 깊이 있고 돈독한 관계를 맺는 데 매우 효과적이다. 사람은 칭찬을 들으면 기분이 좋아진다. 그리고 칭찬을 통해 자신을 기분 좋게 해준 사람에게 호의를 품는다. 하지만 칭찬에도 효과적인 타이밍이 있다. 아무 때나 느닷없이 칭찬한다고 효과가 있는 것은 아니다.

첫 만남부터 상대방을 칭찬하면 효과가 별로 크지 않다. 만난 지 얼마 안 된 시점에서 칭찬하면 오히려 인사치레나 비위 맞추는 것으로 오인하기도 한다. 따라서 칭찬은 두 번째 만남 이후에 한다. 그러면 '당신에 대해 알아가고 있는데 당신은 이런 부분이 멋있어요!'라는 메시지가 전해져 신뢰도가 높아진다. 첫 만남에서 칭찬하고 싶다면 가능한 한 시간이 지난 후가 좋다.

상대방이 도움을 주었을 때는 상대방이 흡족할 정도로 한껏 칭찬해 준다. 상대방도 칭찬을 받을 만하니 액면 그대로 받아들이고 기분이 좋아서 당연히 평가도 좋아진다.

'칭찬하기'는 상대방의 장점을 찾는 행위다. 그러므로 칭찬하는 사람의 시야가 넓어지는 이점이 있다. 결과적으로 타인을 칭찬하는 일은 자신을 위한 일이기도 하다.

효과적인 칭찬 방법

상대방을 기분 좋게 하는 칭찬①

칭찬이 서투른 사람이 있다. 다양한 이유가 있지만 우선 '속이 훤히 보이는 아첨꾼으로 보일까 봐 싫다'라고 부정적으로 생각하는 경우가 있다. 그리고 자신이 먼저 '당신에게 호의를 품고 있어요'라는 식의 적극적인 표현이 부끄럽다는 심리도 작용한다. 그러나 사소한 감정에 얽매이지 말고 자신 있게 칭찬하자.

막상 칭찬하고 싶어도 어떻게 칭찬해야 할지 잘 모르는 사람도 많다. 그래서 좋은 칭찬 방법을 정리해 보았다.

작은 부분을 구체적으로 칭찬한다

우선 어떤 부분을 칭찬하는 게 좋을지 생각해 봐야 한다. 이 경우 막연한 부분보다는 구체적으로 세세하게 칭찬하는 것이 좋다. 가령 부하 직원이 만든 자료를 칭찬할 때는 "이 자료 잘 만들었다"보다는 "이 자료 구성이 참 좋아. 시점도 정확하고"라고 칭찬하면 부하 직원은 진정으로 기뻐한다. 상대방이 자신을 대충 대하지 않고 면밀히 살펴본다고 확신하기 때문이다.

패션을 칭찬할 때도 자신이 느낀 대로 편하게 "넥타이와 양복이 잘 어울려요"라든가 "액세서리가 옷에 잘 어울려요"라고 표현한다.

효과적인 칭찬 방법

상대방을 기분 좋게 하는 칭찬②

상대방이 신경 쓰는 부분을 칭찬한다

상대방이 콤플렉스를 갖고 있다면 약간 방향을 바꾸어 부드럽게 평가해 주면 좋다. 자기주장을 잘 펴지 못하는 사람에게는 '타인을 배려하는 마음씨'라고 표현하거나, 통통한 체격을 신경 쓰는 사람에게는 '몸집이 좋아서 안정감이 있다'라고 말해 보자. 칭찬할 거리가 생각나지 않으면 상대방이 신경 쓰는 부분에 대해 '그렇지는 않다고 보는데'라고 부정해 주면 좋다. 남성이 여성에게 이러한 화법을 구사할 때는 너무 핵심을 찌르지 않도록 조심하자.

상대방이 부정하면 한 번 더 칭찬한다

어떤 부분을 칭찬했는데 상대방이 이를 부정하는 경우도 많다. 예를 들면 "○○ 씨 패션 센스는 항상 봐도 훌륭해요"라고 칭찬하면 "아닙니다. 그렇지 않습니다"라는 대답이 돌아온다. 몹시 아쉬운 일이다. 이때 바로 "그렇지 않아요. ○○ 씨 옷차림을 보면서 항상 색깔과 디자인이 잘 배합되어 멋지다고 생각했는걸요. 보기만 해도 기분이 좋아집니다"와 같은 말로 받아쳐서 상대방의 겸손한 표현을 부정하도록 하자. 이로써 진심이 담긴 칭찬의 말이 전해져 상대방의 기분이 좋아진다.

3장 깊이 있는 인간관계를 만드는 심리학적 요소

효과적인 칭찬 방법

상대방을 기분 좋게 하는 칭찬③

결점을 칭찬한다

　간혹 칭찬할 점이 전혀 없는 사람도 있다. 이럴 때는 억지로라도 결점을 칭찬한다. 제멋대로 행동하고 부하 직원을 엄하게 대하는 상사라면 '일부러 엄하게 해서 부하 직원을 교육한다'라고 표현하자. 게으름만 피우는 상사에게는 '다각적인 정보 수집 능력이 뛰어나다'라고 표현하면 좋다. 만일 대상이 후배나 부하 직원이라면 미래의 가능성에 대해 칭찬한다. 상대방을 보는 관점을 살짝 비틀어 칭찬할 점을 찾는다. 이런 부류의 사람들은 인생에서 칭찬을 받은 일이 별로 없어서 당신의 칭찬을 소중하게 여긴다.

중개자를 통해 칭찬한다

　칭찬하려는 대상에게 직접적으로 말하지 않고 그 사람과 가까운 사람에게 "저 사람의 ○○한 점은 훌륭해"라고 전하는 것도 효과적인 방법이다. 당신의 그 칭찬은 십중팔구 가까운 지인을 통해 당사자에게 전달된다. 그러면 당신이 직접 말한 것보다 몇 배나 더 효과가 있고, 상대방은 당신을 호의적으로 대할 것이다. 중개자를 통하는 방법은 놀라운 효과로 돌아온다. "그 사람한테는 절대 말하지 마"라고 덧붙이면 결과는 떼어 놓은 당상이다.

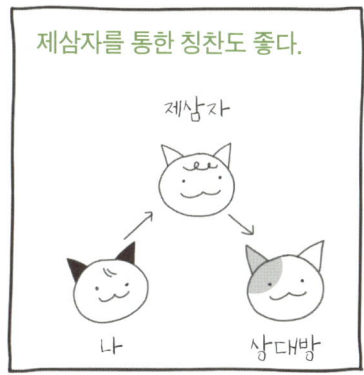

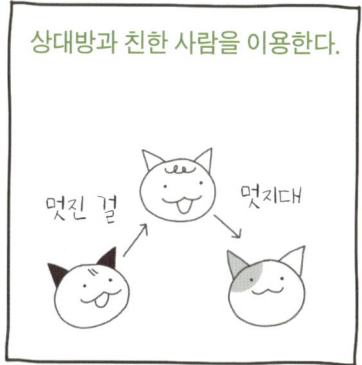

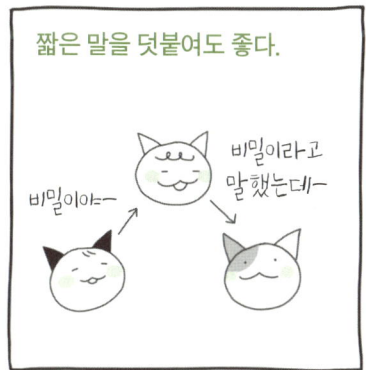

사용하기 좋은 칭찬의 말-외모

어떤 말로 칭찬하는 게 좋을까?①

1. 아름답다

보통 인사치레로 사용하는 경우가 많아서 효과는 그리 크지 않을 수 있다. 그러나 인사치레로 하는 말인 줄 알면서도 들으면 흡족해하는 경향이 있어 가볍게 여길 말도 아니다. 다만 외모에 대한 말이어서 성희롱이 될 소지가 있으니 유의해서 사용해야 한다. 가정이나 사적 관계에서 자주 사용하면 좋다. 아름답다는 말에는 신기한 효과가 있다. 아름답다는 칭찬을 들은 상대방은 타인의 시선을 의식하면서 아름다워지려는 노력과 철저한 자기관리를 통해 실제로 예뻐진다. 아내와 연인이 대상일 경우 바람직한 방법이다.

구체적으로 칭찬하는 말을 예로 들면 "오늘은 아름다워"보다는 "오늘도 아름다워"가 좋다. 그러나 다수의 여성 앞에서 특정의 한 명에게만 사용하는 건 피해야 한다.

또한 누가 봐도 아름다운 미인에게 이 말을 쓰면 별로 효과가 없다. 오히려 역효과가 난다는 심리실험 결과도 있다. 외모가 뛰어난 사람에게는 외모보다는 평소에 들을 수 없는 내면적인 부분을 칭찬하는 것이 좋다.

이 말은 남성에게 사용해도 효과가 있다. 다만 칭찬 대상은 남성 본인이 아닌 그의 부인이나 연인이어야 한다. 남성은 타인에게 자신의 아내나 연인, 즉 파트너의 외모에 대한 칭찬을 들으면 기뻐하는 심리가 있다.

2. 귀엽다

'아름답다'와 비슷한 말로 '귀엽다'라는 말이 있지만, 사람에 따라 선호하는 어휘가 다르다. 아름답다는 말을 선호하는 여성에게 귀엽다고 하면 별로 효과가 없고, 반대로 귀엽다는 말을 선호하고 실제로도 귀엽게 생긴 여성에게 아름답다는 말을 사용하면 효과는 반감된다. 그러므로 상대방을 잘 살펴보고 칭찬할 말을 선택해야 한다.

'아름답다'와 '귀엽다'라는 표현 외에도 '미인이다', '상큼하다', '매력 있다', '개성 있다' 등 다양한 칭찬의 말이 있다.

특히 최근에는 귀엽다는 말을 잘 사용하는 것 같다. 그러나 칭찬할 대상에 알맞은 칭찬을 구사해야 한다. '귀엽다'라는 말은 상대방이 갖고 있는 물건에 쓰면 훨씬 효과적이다. 예를 들어 "핸드폰 케이스가 참 귀여워"와 같은 표현이다.

사용하기 좋은 칭찬의 말-외모
어떤 말로 칭찬하는 게 좋을까?②

3. 품위 있어요

　젊은 층은 잘 사용하지 않지만, 여성 중에 이 칭찬을 들으면 기뻐하는 사람이 많다. '품위 있다'라는 말은 특별한 존재라는 표현이며, 그 말에는 '타인과는 다르다'는 메시지가 담겨 있다. '품위'보다도 '기품'이나 '고상'이라는 단어를 써도 좋다.

4. 웃는 얼굴이 멋져요

　외모를 칭찬하기에 마땅치 않을 때 효과적인 방법은 웃는 얼굴에 대한 칭찬이다. 누구에게나 부담 없이 쓸 수 있다. 칭찬을 들으면 사람은 더 많이 웃는다. 상사가 부하 직원의 웃는 얼굴을 자주 칭찬해도 좋고, 서비스업이나 영업 직원에게 전략적으로 사용하는 것도 바람직하다.

5. 청결하다

　남성이 듣고 싶은 칭찬이 바로 '청결함'이다. 대학생을 대상으로 한 설문조사에서 무려 47퍼센트가 자신의 체취, 입 냄새, 머리 냄새가 상대를 불쾌하게 할까 봐 신경 쓰인다고 답변했다. 더욱이 이로 인해 자신을 싫어하지 않을까 불안해하는 사람이 27퍼센트나 되었다. 깔끔하다는 칭찬은 상대방을 안심시키는 작용을 한다.

3장 깊이 있는 인간관계를 만드는 심리학적 요소

사용하기 좋은 칭찬의 말-내면과 행동
어떤 말로 칭찬하는 게 좋을까①

1. 밝다

　이 말은 일반적인 데다 자주 쓰는 말이라서 칭찬처럼 들리지 않겠지만 사실 매우 좋은 칭찬이다. 밝다는 의미의 표현 중에는 '낙천적이다'와 '느긋하다'는 말도 있지만, 이 말은 상황에 따라 나쁘게 느껴질 때도 있다. 이런 말을 할 때는 상대방이 칭찬이라고 느낄 수 있도록 표정이나 태도에 주의하여 밝은 얼굴로 감탄하듯 말해야 한다.

2. 사려 깊다

　점잖은 사람을 칭찬하는 말이다. '점잖다'라는 말은 칭찬할 때 잘 쓰지 않으므로 '점잖다' → '생각에 잠기다' → '우리보다 사물에 대해 깊이 생각한다'라고 연상하여 칭찬한다.

3. 머리가 뛰어나다

　내면의 현명함을 표현하는 칭찬의 말이다. '지적이다', '현명하다'라고 표현하기도 한다. 지적인 사람은 어려운 말로 칭찬하는 것을 선호한다. 대응이 빠른 사람에게는 '머리가 뛰어나다'라는 말보다 '생각이 빠르다'는 말을 하면 더욱 좋아한다.

4. 이해하기 쉽게 이야기한다

　기본적으로 머리가 좋고, 난해한 내용을 쉽게 설명해서 남을 배려하는 태도를 칭찬하는 말이다. 이 점을 명확하게 짚어서 칭찬해 주면 상대방은 매우 기뻐한다.

5. 이해력이 뛰어나다

회사에서 부하 직원의 능력을 칭찬하는 말 중 하나다. 그 외에도 말의 이해 능력이 높다는 표현으로 '이해가 빠르다', '사고력이 있다', '관찰력이 있다', '요점을 정확히 파악한다', '자질이 뛰어나다' 등의 칭찬도 있다.

6. 좋은 이야기를 한다

주로 친구들과 대화를 나누는 중에 상대방이 좋은 이야기를 할 때 사용하면 알맞은 칭찬이다. '이야, 그 말 참 좋다'라고 감정을 담아 말하면 상대방의 기분도 좋아진다. 친구 등 가까운 사이에서는 쑥스러워서 좀처럼 칭찬을 하지 못하므로 이러한 말을 적절하게 잘 사용하기 바란다.

사용하기 좋은 칭찬의 말-내면과 행동
어떤 말로 칭찬하는 게 좋을까②

7. 노력하는 사람이다

보이지 않는 곳에서 성실히 일하는 사람을 인정해 주는 말이다. '나는 당신을 잘 이해하는 사람'이라는 인상을 준다. '진취적이다'라는 표현 등 노력하는 사람이라는 점과 함께 그 사람의 잠재 능력과 재능을 인정하는 말을 덧붙이면 효과적이다.

8. 감성이 풍부하다

다양한 분야의 영향을 받아 능력을 발휘하는 사람을 평가할 때 쓰는 칭찬이다. 상대방의 능력이 아직 다듬어지기 전에 사용하면 동기 유발에 큰 도움을 준다.

9. 같이 있으면 즐겁다

구체적인 칭찬이 아니더라도 '같이 있으면 즐겁다', '같이 있으면 마음이 놓인다'라는 표현이 있다. 이성에게 사용하면 호의를 넘어선 감정이 생길 우려가 있으므로 조심해서 사용해야 한다.

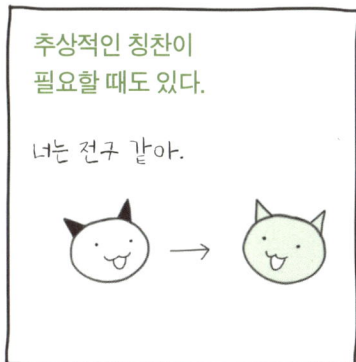

효과적인 상대방과의 거리
개체 공간

상대방과 깊이 있는 인간관계를 맺으려면 단순한 칭찬에 그치지 말고 상대방과의 거리를 의식해야 한다. 앞에서도 설명했듯이 사람에게는 개체 공간이라는 일종의 방어 구역이 있다. 비록 직장 상사일지라도 그 공간에 들어오면 칭찬의 말을 듣기도 전에 심한 스트레스를 받게 된다. 여자는 남자보다 개체 공간이 넓으므로 남자 상사는 여자 부하 직원에게 1~1.5미터 이상 거리를 유지하는 것이 좋다.

개체 공간은 흥미로운 특징이 있다. 그것은 **자신의 공간에 상대방이 오랜 시간 머물러 있으면 처음에는 싫은 감정을 가졌던 사람일지라도 차츰 호감을 느끼는 경향이 있다.** 이 효과를 이용하면 상대방과 끈끈한 관계를 형성할 수 있다. 즉 구실을 만들어 상대방의 공간에 들어가 계속 머무르는 것이다.

그런데 과연 그게 말처럼 쉬울까? 실은 매우 간단한 방법이 있다. 차의 운전석과 조수석, 지하철의 좌석, 레스토랑이나 술집 등의 바에 나란히 앉으면 된다. 친해지고 싶은 사람을 만날 때는 일반 테이블 좌석보다는 바 형태의 초밥집, 칵테일 바 등을 이용하면 효과적이다.

친밀해지려면 우선 마음을 열어야 한다
자기 개방으로 친밀감 높이기

"사실 제가 지금 다니는 회사에서 큰 실수를 한 적이 있는데……" 와 같이 다소 말하기 껄끄러운 자신의 사적인 이야기를 상대방에게 털어놓는 행위를 '자기 개방'이라고 한다. 심리학 연구에 따르면 사람은 자신에게 마음을 연 사람에게 호의를 갖는 경향이 있다고 한다. 사람들은 대부분 금방 마음을 열지 못한다. 그러나 자기 개방을 적절히 활용하면 어려움 없이 상대방과 좋은 관계를 맺는다.

상대방은 자신을 믿고 꺼내기 힘든 이야기까지 꺼냈다고 느끼면서 그에게 호의를 갖게 된다. 자신의 비밀이나 과거의 실패, 질병 등이 소재가 될 수 있다. 상대방을 알면 알수록 호감을 느끼는 '숙지성의 법칙'이 작용하여 친밀한 관계가 형성된다. 이는 이성과 동성 모두에게 효과가 있다.

타이밍은 주의해야 한다. 아직 돈독한 관계를 맺은 것도 아닌데 누구에게도 말 못 할 무거운 비밀을 털어놓는다면 상대방이 뒷걸음치는 역효과가 발생한다. 조금씩 실수담이나 가족 이야기 등 가벼운 이야기부터 마음을 열어 가야 한다.

상대방이 마음을 열면 자신도 그만큼 마음을 열게 되어, 상대방에게 자기 이야기를 털어놓고 싶은 심리가 작용한다. 이것을 '자기 개방의 보답'이라고 한다. 자기 개방을 반복하면 서로 비밀을 공유한다는 의식이 생겨 특별한 신뢰 관계가 형성된다.

상대방과의 거리를 좁히는 '공감 능력' 연마 방법①
상대방의 생각을 읽지 못하는 사람

　최근 들어 상대방의 속마음을 모르겠다고 토로하는 사람이 늘어나는 추세다. 상대방과 의사소통이 원활하지 못하고 상대방에 대해 잘 알지 못하면 그만큼 자신도 이해받기 어렵고 인간관계도 고통스러워진다.

　의사소통은 크게 언어적 의사소통(verbal communication)과 비언어적 의사소통(non-verbal communication) 두 가지로 나뉜다. **비언어적 의사소통이란 언어가 아닌 표정이나 몸짓 등으로 상대방의 생각 즉 속마음을 이해하는 의사소통 행위를 일컫는다.** '말은 저렇게 하지만 실제 생각은 다르구나!'와 같이 상대방의 본심을 파악하는 기능을 한다. 인간은 성장 과정의 다양한 경험을 통해 언어적 의사소통과 비언어적 의사소통을 동시에 발달시켜 왔다.

　현대인은 다양한 사회적 요인으로 비언어적 의사소통을 발달시키지 못한 채 성인이 된 사람이 많다. 그런 사람은 언어에 과도하게 집착한 나머지 본심과 다른 말에 휘둘리며 괴로워한다. 이것은 두 가지의 언어 소통이 균형을 이루지 못해 빚어진 결과다.

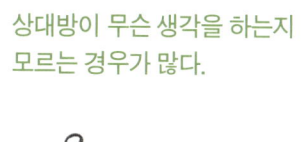

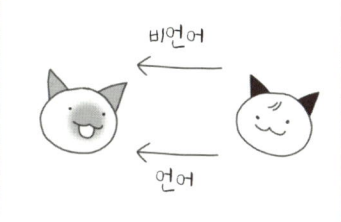

상대방과의 거리를 좁히는 '공감 능력' 연마 방법②
타인의 기분을 파악하는 메커니즘

상대방의 감정을 이해하고 공감하는 뇌의 능력이 비언어적 의사소통을 유지한다고 추측되고 있다. 공감하는 능력을 기르지 않으면 상대방의 생각을 이해하기 어렵다.

도호 대학 의학부 아리타 교수에 의하면 공감 능력은 전두전야와 뇌 속의 물질 세로토닌, 그리고 세로토닌을 합성하는 세로토닌 신경과 관계가 깊다고 한다. 공감하는 능력은 전두전야의 내측 전두전야가 관장한다. 따라서 전두전야의 혈류가 좋아지고 세로토닌 신경이 활발해지면 공감 능력이 높아진다고 한다.

평소 타인과 접촉할 기회가 많은 사람은 전두전야와 세로토닌 신경이 활발하게 움직여 상대방의 기분을 알아채는 능력이 높아진다. 이와 반대로 타인과 접촉할 기회가 적고 집에만 틀어박혀서 거의 혼자 생활하는 사람은 공감 능력이 낮아진다. 사무직에 종사하는 사람도 공감 능력이 쇠퇴할 확률이 높아 위험하다. 특히 사무직 종사자 중에 인상이 차가운 사람은 세로토닌의 영향이 아닌지 의심해 보아야 한다.

세로토닌은 기분을 전환하는 능력과 마음을 안정시키는 효과가 있다. 회사에서 언짢은 이야기를 듣거나 무시를 당해 불쾌했을지라도 세로토닌 신경이 정상적으로 활동하면 불쾌한 기분에서 벗어나 마음이 긍정적인 방향으로 바뀐다.

상대방과의 거리를 좁히는 '공감 능력' 연마 방법③
공감 능력 향상 트레이닝

　좋은 인간관계를 만드는 연마 방법의 하나로 마음을 안정시키고 공감 능력을 향상시키는 트레이닝을 소개한다. 억지로 하지 말고 할 수 있는 부분부터 편안하게 도전하자.

　1. 리드미컬한 운동을 반복하면 세로토닌 신경이 활성화한다고 한다. 너무 힘든 운동보다는 걷기 운동, 계단 오르내리기, 그리고 허벅지가 무릎과 수평이 되도록 앉았다 서기를 반복하는 스쾃 등의 운동이 좋다. 특히 햇빛을 받으면 세로토닌 신경이 활발해지므로 야외 산책을 적극적으로 추천한다.

　2. 식생활을 점검하여 균형 잡힌 식사를 한다. 세로토닌의 원료는 '트립토판'이라는 필수 아미노산이다. 체내에서 합성되지 않으므로 식사로 섭취해야 한다. 트립토판은 육류, 두유, 유제품에 많이 포함되어 있다. 그리고 비타민 B를 포함한 식품이나 영양보조제를 신경 써서 섭취하도록 하자. 매일 아침 바나나와 우유 또는 요구르트를 먹고 치즈나 돼지고기, 붉은 살 생선을 추가하면 금상첨화다. 다이어트를 이유로 육류를 섭취하지 않으면 세로토닌이 부족해져 안절부절 못하는 등 감정적인 면에서 문제가 생긴다.

　3. 매일 규칙적인 생활을 한다. 일찍 자고 일찍 일어나자. 세로토

닌은 햇빛이 있는 낮에 잘 분비되므로 아침에 일찍 일어나 일하고 너무 늦지 않은 시간에 잠자리에 든다. 휴일에도 늦게 일어나지 말고 평소처럼 몸을 움직이고 규칙적인 생활을 하자.

4. 영화, 연극, 소설 작품을 보고 느끼자. 실제로 사람을 만나지 않더라도 작품에 감정이입을 하면 공감 능력이 자극받는다. 특히 심금을 울리는 감동적인 작품이 좋다. 또한 친구의 고충을 듣고 함께 고민하거나 슬퍼하는 것도 효과적이다.

5. 되도록 많은 사람을 만나자. 대화는 자신의 마음을 표현하는 수단 중 하나일 뿐 전부는 아니다. 사람은 곧잘 자기 생각과 다른 부분이나 미묘한 뉘앙스를 오해하곤 한다. 말투만으로 상대방을 판단하지 않도록 유의하자.

상대방과의 거리를 좁히는 방법-정리
칭찬하고 마음을 열고 공감한다

두 번째 인상은 주로 사람의 내면적 요소에 의해 형성된다. 상대방과 좋은 관계를 만드는 몇 가지 방법을 이번 장에서 설명했는데, 마지막으로 간략하게 정리했다.

1. 칭찬하자

상대방의 좋은 점을 자주 칭찬한다. 사람은 자신을 칭찬해 주는 사람에게 호의를 품기 때문에 이후의 인간관계 구축도 쉬워진다. 게다가 칭찬하다 보면 상대방에게 실제로 호의를 갖게 되는 심리 작용도 있다. 상대방이 좋아지면 자연히 더 많이 칭찬하게 된다.

2. 마음을 열자

시기를 살펴서 조금씩 자신의 사적인 부분이나 속마음 등을 상대방에게 전달한다. 자신이 마음을 열면 상대방도 마음을 열기 쉽게 되어 관계가 더욱 친밀해진다.

3. 상대방의 감정에 공감하자

사람은 자신의 감정을 이해하고 함께해 주는 사람에게 호의를 갖는다. 공감을 위해서는 상대방의 기분을 이해하려 노력하고 그 사람의 감정을 소중히 여겨야 한다.

| Tip |

부탁할 때의 거리

　평소에는 상대방이 불쾌감을 느끼지 않도록 일정한 거리를 두어야 하지만 부탁할 때는 가까이 다가가는 편이 더 효과적이라는 연구 결과가 있다. 자원봉사를 의뢰하는 실험에서 상대와의 거리를 40센티미터와 1미터로 나눠서 설정했다. 결과적으로 40센티미터의 거리에서 권유받은 피실험자가 더 적극적으로 자원봉사에 참여했다. 부탁할 일이 있을 때는 상대방에게 가까이 다가가 이야기하자.

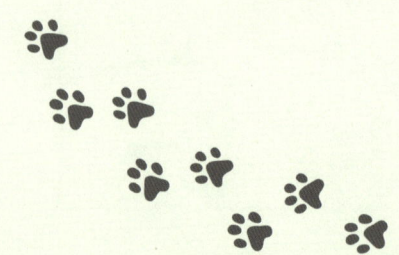

무너진 인간관계 개선하기

인간관계를 맺긴 했지만, 상대방과의 관계가 어색한 경우도 있다. 4장에서는 몇 가지 관점에서 금이 간 인간관계를 회복하는 방법을 설명한다.

회사에서 인간관계로 고민하는 사람들

절반 이상의 사람들이 인간관계로 힘들어한다

첫인상을 위해 외모를 가꾸고, 두 번째 인상에서 자신의 내면을 잘 표현했다고 해서 인간관계가 저절로 형성되는 건 아니다.

특히 회사와 같은 조직 사회의 인간관계는 강한 이해를 바탕으로 이루어진 경우가 많다. 그러다 보니 상사는 자신의 자리를 지키기 위해 도가 넘는 요구를 하거나 부하 직원을 그저 출세의 발판 정도로 치부하며 정당한 평가를 하려 들지 않는다. 또한 부하 직원도 자신의 이익을 위해 자기 편할 대로 행동하는 경우도 있다.

이처럼 사람들과 인간관계를 구축한다는 것은 여간 힘든 일이 아니다. 인간관계 때문에 회사가 싫어지는 경우도 비일비재하다. 이러한 경향은 '인간관계에 관한 설문조사'에서도 나타난다. 설문조사 결과를 보면 직장인의 51.2퍼센트가 인간관계로 고민하며, 고민 대상은 상사가 33.4퍼센트로 가장 높았고, 동료가 23.1퍼센트, 부하 직원이 11.7퍼센트 순이었다. 무려 세 명 중 한 명이 상사와의 관계로 고민하고 있음을 알 수 있다.

지금의 직장에서 인내하며 버텨야 하는가 하고 생각하면 한없이 우울해진다. 그렇다고 마냥 참는다고 상황이 개선되는 것도 아니다. 그저 하루하루 고통의 나날을 이어 가야 한다고 생각하면 마음의 상처만 깊어질 뿐이다.

4장 무너진 인간관계 개선하기

참지 말자, 너무 애쓰지 말자
나를 바꾸어 보자

성격이 바르고 성실한 사람일수록 모든 일을 진지하게 받아들이고 상대방이 분별없이 하는 말에도 쉽게 고민에 빠지는 경향이 있다. 현재의 상태를 무조건 참는다거나 억지로 밝은 표정을 지으려고 애쓰는 일은 바람직하지 않다. 이러한 상황에서 벗어나는 데 도움이 될 만한 두 가지 방법을 소개하겠다.

첫 번째는 이직하기, 즉 직장을 바꾸는 길이다. 이직이라는 큰 위험을 감수해야 하지만, 숨 막히는 현 상황을 개선하기도 쉬운 일이 아니다. 진정으로 하고 싶은 일이 무엇인지를 생각하고 자신의 발전을 위해 노력할 가치가 있는 일을 찾아야 한다. 새로운 직장에서 인간관계를 처음부터 다시 쌓아야 하는 부담도 있지만, 이번이야말로 첫인상과 두 번째 인상을 적용하여 지금보다 좋은 인간관계를 형성할 기회로 삼자. **당장이 아니더라도 이직을 염두에 두면 무거운 마음이 조금은 가벼워질 것이다.**

두 번째는 당신 스스로가 변하는 길이다. 발상을 전환하고 현재의 관계 개선에 다시 도전해 보자. 나 자신을 바꾼다는 것, 지금까지 자신이 가졌던 생각을 버린다는 것은 말처럼 쉬운 일이 아니다. 그러나 지금 도전하지 않으면 안 된다. 지금과 다르지 않고 희망도 없는 미래가 기다리고 있다. 해봐도 안 되면 다른 한 가지 방법, 이직하면 그만이다. 괴로운데도 무조건 참고 견디는 무의미한 길만은 피하기 바란다.

4장 무너진 인간관계 개선하기

관점과 발상의 전환
싫은 사람을 좋아하게 되는 관점

스스로가 변하기 위해서는 발상을 전환해야 한다. 상대방을 좋아하면 좋은 점만 보이고, 싫어하면 싫은 점만 보이기 때문이다.

매일 마주하는 사람이라면 싫어하기보다 좋아하는 편을 택해야 한다. 그러므로 싫은 사람을 보는 관점이나 생각을 조금만 바꾸어 보자. 예를 들면 다음과 같다.

· 화를 잘 내는 사람에 대해서 성격이 급하다고 생각하지 말고 자신의 감정에 충실한 사람이라고 생각한다.
· 자기 자랑만 하는 사람을 거만하다고 생각하지 말고 자신감 있는 사람이라고 생각한다.
· 자기 생각을 굽히지 않는 사람을 완고하다고 생각하지 말고 한결같은 사람이라고 생각한다.
· 무턱대고 하나하나 지시하는 사람을 예민하다고 생각하지 말고 꼼꼼한 사람이라고 생각한다.
· 다른 사람의 비위를 잘 맞추는 사람을 약삭빠르다고 생각하지 말고 사교적인 사람이라고 생각한다.

상대방에 대한 평가를 조금만 긍정적으로 바꿔 보자. 싫은 사람의 좋은 면을 찾는 게 쉬운 일만은 아니지만, 조금씩 긍정적으로 평가하는 일부터 시작하자.

이야기하자, 그리고 바로 사과하자

아주 조금만 타협하자

인간관계가 틀어지는 이유 중 하나로 '방치'를 꼽을 수 있다. 사람은 인간관계 문제에 직면하면 해결하기보다 없었던 일로 치부해 버린다. 결과적으로 틀어진 관계를 그대로 방치하는 셈이다.

어느 심리학자의 조사를 보면 '대인관계에 문제가 생기면 어떻게 대처하는가?'라는 질문에 '그냥 참는다'라고 응답한 사람이 48퍼센트에 육박했지만, 대화와 같은 적극적인 관계 개선을 시도한 사람은 12퍼센트에 불과했다. 대학생을 대상으로 한 설문조사에서 '대인관계에서 화가 났을 때의 대응책을 묻자 '당사자 앞에서는 참았다가 다른 사람에게 불평을 털어놓는다'가 33퍼센트로 가장 많았고, '상대방에게 직접 화를 낸다'라고 대답한 사람은 14퍼센트에 지나지 않았다.

화가 난 순간을 그냥 참고 넘어간다고 해서 관계가 개선되는 것은 아니다. **갈등이 생기면 바로 행동으로 옮겨 터놓고 이야기하도록 하자. 생각이 다른 사람과 이견을 조율한다는 건 고역이지만 방치하면 훨씬 더 고통스럽다.**

노력하는데도 문제가 해결되기는커녕 상대방이 불쾌한 감정을 드러내며 화를 낸다면 우선은 '죄송합니다'라고 사과부터 하자. 내 잘못이 아니어도 인간관계를 중시한다면 때로는 먼저 용서를 구할 필요가 있다.

관계가 나빠졌다고 생각하면 식사 약속을 청하자
상대방의 마음을 여는 테크닉

관계가 틀어진 사람과 대화를 시도했으나 잘 해결되지 않아 자신이 먼저 사과를 했다면 과감하게 함께 식사하자고 청한다. 식사 약속을 청하는 이유는 크게 두 가지다.

첫 번째는 냉정하게 생각하기 위해서다. 머리끝까지 화가 난 상태에서 상대방에게 무슨 말을 해도 무의미하다. 냉정한 판단력을 되찾기 위해 시간을 두는 것이 필요하다.

두 번째는 식사라는 행동 자체가 중요하다. 이는 쾌락이나 충족감을 함께 느낀 사람에게 호의를 갖기 쉽다는 심리 효과를 노린 방법이다. **식사라는 행위는 편안한 분위기를 조성하고 사람의 마음을 열어 준다.** 함께 식사하자고 제의하기 힘들다면 '일전의 무례를 사과하고자'라는 취지를 말하면 좋다.

주의할 점은 식사 중에는 다투었던 문제를 절대로 끄집어내지 말아야 한다. 무슨 의도로 식사 약속을 청한 건지 당신의 속내를 의심하는 사람도 있을 것이다. 하지만 다툰 문제를 거론하지 않고 먼저 사과하면 상대방도 당신의 의견에 점점 귀를 기울일 것이다. 또한 양보해 준 당신에 대한 '보답' 차원에서 상대방도 이해를 구할지 모른다.

술 한잔하자고 청하기는 쉽지만 술을 마시면 대화할 내용을 잊어버리는 실수를 하게 되며, 일반적으로 술보다 식사가 충만감을 얻을 수 있다.

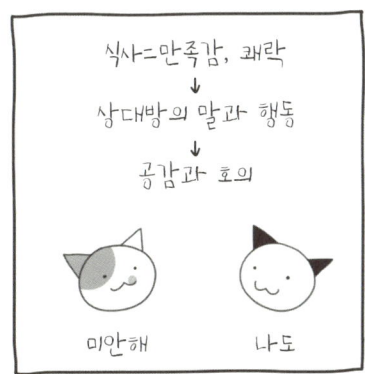

4장 무너진 인간관계 개선하기

관계 회복을 위한 대화
식사 중에는 어떤 대화를 하는 게 좋을까?

관계가 틀어진 사람과 식사할 때는 우선 상대방과 자신의 공통점을 찾아야 한다. 상대방에게 질문하며 좋아하는 것, 출신지, 학창 시절의 동아리 활동, 가족 등 공통점을 찾는다. 만약 고향이 같다면 그것만으로도 상대방과의 거리가 훨씬 가까워지는 효과가 있다. **사람에게는 심리적으로 자신과 닮은 사람에게 호의를 갖는 경향이 있다. 이러한 심리를 이용하여 잡담 속에서 상대방과의 공통점을 찾는다.**

그다음에는 앞에서 설명한 '자기 개방'을 하면 좋다. 모두와 조화롭게 일하는 분위기에 우선순위를 둔다. 그리고 자존심을 내려놓고 자신의 이야기를 하는 것이 바람직하다.

예를 들면 의견이 대립했던 내용은 말하지 말고 자신이 그 의견을 고집한 실제 이유를 말하면 좋다. 예를 들어 '나에게는 꿈이 있다. 그 꿈을 실현하기 위해서 그 부분을 고집했다'든지 '회사를 위한 의견이라고 생각했지만 너무 주변 생각을 안 하고 밀어붙였다'라고 조금 약한 모습을 보이는 게 요령이다.

당신의 겸허한 말을 듣고 이의를 제기할 사람은 거의 없을 것이다. 당신의 태도를 보고 상대방도 유연한 태도로 바뀐다. 상대방 역시 '자기 개방의 보답'으로 자기 의견의 배경을 말해 줄지도 모른다.

감사의 말을 해 보자
'고마워'로 개선하는 인간관계

절교 직전의 인간관계를 회복하는 데 매우 효과적인 말이 있다. '고마워'라는 감사의 표현이다. 회사는 물론이고 가정에서도 자주 사용하자. 누구나 감사의 말을 들으면 기분이 좋아진다. 상대방에게 자신이 한 일이 도움되었고, 자신의 말과 행동을 상대방에게 인정받았다고 느끼기 때문이다. 사람은 타인에게 인정받고 싶어 하는 사회성이 강한 동물이다. '고마워'는 전 세계 모든 나라에 있는 말이라고 한다.

받아들이는 쪽도 좋은 일을 했으니 당연히 상대방이 감사 표시를 하길 바라는 마음이 생긴다. '이렇게까지 신경 써 주었으니 감사 인사 정도는 들어야지' 하는 마음이다.

위의 두 사람이 만날 경우 인간관계는 급속도로 악화된다. 그러나 고맙다는 말을 듣고 싶어 하는 사람은 차치하고, '고마워'라는 한마디를 하지 못해서 결과적으로 소중한 관계를 잃고 만다.

'고마워'라는 말은 부끄러운 표현도 아니고 승부와도 상관없다. 자신을 위해 무언가를 해준 그 자체만을 생각하고 기쁜 마음을 담아서 거리낌 없이 사용해야 한다. 또한 좋은 일을 했다 하더라도 그것은 감사를 받기 위한 것이 아니라 당연히 해야 할 일을 했을 뿐이라고 생각하자. 상대방이 감사하기를 바라서는 안 된다.

생각을 전환하여 어깨에 들어간 힘을 빼도록 하자.

싫은 사람을 분석하자
상대방을 알면 길이 열린다

발상을 전환하여 틀어진 관계를 개선하는 방법을 한 가지 더 소개한다. 싫은 사람, 이를테면 자신과 사이가 안 좋은 사람에 관해 연구하는 일이다.

먼저 **상대방의 행동 패턴, 추측되는 성격, 장점이라 생각하는 부분, 좋아하는 것, 싫어하는 것, 가족 등 현재 알고 있는 점을 정리해 보자.** 그리고 그 사람이 그렇게 행동하게 된 배경에 대해 살펴보자. 예를 들어 그 사람이 회사 상사라면 '관리자로서 부하를 엄격하게 대한다', '자신의 출세를 위해 부하를 발판으로 삼고 있다' 등을 정리해 보면 지금까지 참을 수 없었던 일들을 조금은 이성적으로 판단하게 된다.

'관리자의 책임감 때문에 나에게 엄격하게 대하고 있는지도 몰라' 또는 '힘들지만 가족을 위해 열심히 일하고 있는 거야'와 같은 생각이 들기도 한다.

그렇게 되면 좋은 관계를 만들기 위해 상대방을 공략할 틈이 희미하게 보이기 시작한다. '책임감이 강한 사람이니까 보고할 때는 지나치다 싶을 정도로 상세하게 보고하자'라든지 '가족 생각을 많이 하는 사람이니까 가족에 관한 화제로 분위기를 부드럽게 하자'와 같은 방법이 하나둘씩 떠오르게 된다.

4장 무너진 인간관계 개선하기

회사 내 인간관계 유형별 공략법
대하기 힘든 사람에게 이렇게 접근하자①

항상 사소한 부분만 지적하는 사람 [위험도 ★☆☆☆☆]

성격 배경: 회의 자료에 날짜 표기를 잘못하거나 사소한 문장의 실수 등 세세한 부분까지 꼼꼼하게 지적하는 사람이 있다. 그런 사람일수록 중요한 업무에 관해서는 제대로 충고하지 못한다. 이런 행동은 작은 부분을 지적하면서 인정받기를 바라는 심리의 표출이다. 트집을 잡는 것으로 자신의 위치를 확고히 하는 사람이라서 참으로 성가신 존재다.

대응: 먼저 지적에 대해 감사하자. 그런 다음 칭찬하면 특히 효과적이다. "항상 정확하게 알려 주셔서 감사합니다"라고 인사로 한 후에 상대방을 치켜세운다. 그런 사람은 남들이 인정하는 말에 목말라 있으므로 어찌 됐든 크게 칭찬하자. 그러면 "자네 꽤 괜찮은 사람이군!"이라고 좋은 평가를 한다.

자기 자랑만 하는 사람[위험도★☆☆☆☆]

성격 배경: 상사나 선배 중에는 항상 자기 자랑만 하는 사람이 있다. 영업 실적이나 튼튼한 인맥 등 매번 똑같은 자화자찬을 늘어놓아 그걸 들어 주는 일이 고역이다. 이러한 사람은 주위 사람에게 인정과 칭찬을 받고 싶어 하는 강한 바람을 가지고 있다. 사람에게는 자신이 가치 있는 사람이라고 여기는 '자존감'이라는 감정이 있다. 자존감이 높은 사람은 누구에게 어떤 말을 들어도 냉정하게 대처할 능력이 있지만, 자존감이 낮은 사람에게는 타인에게 칭찬받는 일이 자신의 가치를 높이는 유일한 방법이다. 또 다른 의미에서는 알기 쉬운 사람이다.

대응: 이런 사람은 무엇보다 칭찬에 약하다. 따라서 "대단하네요"라든지 "와, 놀라워요"라고 항상 감탄해 주면 된다. 회사 내에서 똑같은 자기 자랑을 몇 번이고 들어주는 사람은 흔치 않기 때문이다. 더욱이 그런 당신을 귀중한 존재로 여기게 된다. 어떻게 보면 자신의 감정에 솔직한 어린아이 같은 사람이다. 칭찬받기 위해서 계속 귀찮게 따라붙는다는 단점이 있으니 칭찬은 하되 적당한 거리를 두고 대하는 게 좋다.

회사 내 인간관계 유형별 공략법
대하기 힘든 사람에게 이렇게 접근하자②

의욕이 없고 게으른 사람 [위험도★★☆☆☆]

성격 배경: 회사 안에서는 항상 멍하니 넋을 놓고 있고 회사 밖에서도 계속 쉬고만 있다. 게으른 부하를 둔 상사는 반대로 초조해지기 마련이다. 사람이 의욕을 잃는 데는 여러 이유가 있다. 많은 요소가 쌓인 결과이므로 원인을 파악하기가 어렵지만 그대로 방치하면 상대방의 뇌는 점점 더 정체 상태를 향해 간다.

대응: 일반적으로 "의욕적으로 일 좀 해봐"라고 질책하는 경우가 많은데 그건 일시적인 방법이라서 효과가 거의 없다. 그런 사람에게는 먼저 운동을 시키고 자질구레한 업무를 맡긴다. 업무를 구실로 걷게 해도 좋다. 사람이 몸을 움직이면 결과적으로 뇌에도 피가 돈다. 단시간에 정리하는 잡무를 시키면 뇌 안의 측좌핵이라는 부분이 자극받아 뇌가 흥분하게 된다. 측좌핵은 사람의 의욕과 관계된 부분이라서 이 부분을 자극하면 자연스럽게 의욕이 생긴다.

남 이야기하는 것을 좋아해서 일을 방해하는 사람 [위험도★★★☆☆]

성격 배경: 남 이야기하는 것을 좋아하는 사람이 있다. 자꾸만 다가와서 주변 사람 이야기를 늘어놓아 일을 방해하는 사람이다. 가끔이면 괜찮지만 매일 반복되면 이만한 민폐도 없다. 이런 사람일수록 타인의 불행을 좋아하는 경향이 있는데, 타인의 불행한 이야기를 하며 무의식중에 상대적 행복을 느낀다. 이런 사람은 말 상대는 많지만 친구는 많지 않다.

대응: 무시하거나 귀찮은 표정을 지으면 상대방은 당신을 공격하며 나쁜 소문을 낼 위험성이 있다. 업무적으로 어떻게든 함께해야 하는 상황이라면 더 배려하고 상냥하게 대하자. 다만 지나치게 가까워지지 않도록 일정한 거리를 두자. "난 일하는 속도가 느리니까 이거 서둘러 해야겠다"와 같이 당신 자신에게 핑계를 돌려 일을 방해하지 않도록 하되 확실하게 당신의 의사를 전달되도록 말해야 한다.

회사 내 인간관계 유형별 공략법

대하기 힘든 사람에게 이렇게 접근하자③

말이 날마다 바뀌는 사람 [위험도★★★☆☆]

성격 배경: 어제는 "진행해"라고 했으면서 오늘은 하지 말라고 한다. 지시에 일관성이 없고 그날의 기분에 따라 지시 내용이 바뀐다. 이러한 유형의 사람은 자신이 똑똑하다고 믿거나 실제로 똑똑한 사람일 수도 있다. 그러나 그런 사람은 판단에 근거가 되는 이론이 없고 기억력도 나쁘다. 무엇보다 효율적이지 않다. 열심히 정리한 자료를 무용지물로 만드니 자원 낭비의 차원에서 보더라도 그다지 친환경적인 사람은 아니다.

대응: 이러한 유형의 사람은 자신의 의지를 곧바로 행동에 옮기는 '예스맨'을 좋아한다. 그러면서도 예스맨을 꺼린다는 취지의 말을 자주 내뱉어 자신을 신뢰하는 사람이 거의 없는 경우가 많다. 이런 사람에게는 단기적으로는 예스맨이 되어도 좋겠지만, 이 유형의 사람은 이론적인 부분이 결여되어 있다. 자신에게 없는 능력이라서 이론적으로 일을 처리해 나갈 능력이 있는 사람을 인정하는 경우가 많다.

실패하면 바로 남을 탓하는 사람 [위험도★★★★☆]

성격 배경: 실패하면 바로 남 탓을 하며 상황을 얼버무리려는 사람이 있다. 특히 이런 사람일수록 상사 앞에서는 부하나 후배 탓을 하고 고객 앞에서는 관련 회사 탓을 하며 상황을 벗어나려고 한다. 대부분 자각하지 못하고 사고가 그대로 굳어진다. 이것은 방어기제라고 불리는 인간의 방어 행동 중 하나이며, 그중에서도 남 탓은 투사(投射)라고 불리는 책임 전가 행위다.

대응: 선불리 관여했다가 도리어 이용당하는 수가 있으므로 주의해야 한다. 일 관계로 엮이지 않아도 되는 사람이라면 어울리지 않는 것이 좋다. 그러나 이런 사람이 직속 상사일 경우가 가장 힘들다. 이런 사람일수록 부하를 발판으로 삼아 출세하려는 야심을 가졌다. 그러므로 이런 사람 밑에서 일하면 당신에 대한 사내 평가가 좋아지기 어렵다. 주의할 점은 이 사람 앞에서는 절대로 남의 험담을 해서는 안 된다.

가정 내 관계 회복 방법

결혼 후 부부싸움은 두뇌의 작용이다

사람이 사랑을 하면 뇌의 한 부분이 억압받는다고 한다. 그 억압을 받는 영역은 부정적인 감정을 만드는 곳이다. 이곳이 억압받은 결과 상대방의 단점이 보이지 않게 된다. 그래서 보통은 용서하지 못할 일일지라도 좋아하는 사람이 저지른 일이라면 쉽게 용서한다.

그러나 이 기능은 그리 오래 지속되지 않는다. 이탈리아의 신경과학자 연구 그룹이 연구한 결과에 의하면 연애가 유지되는 기간은 12개월에서 18개월이라고 한다. 그리고 3년을 정점으로 이혼의 위기가 찾아온다고 말한다.

열정적인 연애가 오래 지속되지 않는 데에는 그럴 만한 이유가 있었다. 실제로 연애를 하는 건 너무 많은 에너지를 소모하여 몸과 정신에 주는 부담 또한 크다. 상대방을 열렬히 사랑하는 기간 동안 도파민은 계속 분비된다. 도파민은 흥분하거나 불안을 느끼는 등 정신이 고조된 상태가 지속되어 체력과 정신 모두 상당한 부담으로 작용한다.

가정 내 관계 회복 방법
남편은 아내의 말을 잘 들어야 한다

결혼하고 시간이 지나면 서로 바쁘다는 핑계로 부부의 대화가 줄어들지는 않았는가? 대화는 부부가 좋은 관계를 유지하는 데 꼭 필요한 요소다. 실제로 금실이 좋은 부부는 매일같이 대화를 한다.

부부가 대화하지 않는 이유는 다양하다. 그 이유는 남녀가 대화를 통해 얻고자 하는 점이 다르기 때문이다.

남자는 대화를 정보 전달의 수단 또는 문제 해결을 위한 도구로 생각하는 경향이 있어 용건이 없으면 말할 이유가 없다고 생각한다. 반면 여자의 대화는 자신의 기분에 대한 상대방의 공감을 얻는 수단이다. 여자는 "○○ 씨가 나한테 오늘 이런 말을 했어"라든가 "그 가게는 너무 성의가 없어" 등 좋았던 일, 화가 난 일, 감동한 일 등을 들어 주기를 바란다. 그러나 남자는 정답이나 해결책이 없는 소통 방식을 좋아하지 않는다.

아내의 말을 제대로 듣는 일이 관계 개선을 위한 첫걸음이다. 남자는 상대방이 말을 끊고 자신의 의견을 말하거나 충고를 하려 드는 경향이 있는데 여자들은 대부분 이를 바라지 않는다. 가장 중요한 것은 무엇보다도 '잘 들어 주기'이다.

가정 내 관계 회복 방법
올바른 싸움법

결혼 생활에서 싸움이 무조건 나쁜 것은 아니다. 분노의 정도가 심하지 않다면 상대방에게 표현하는 것이 좋다. 문제는 싸움 자체가 아니라 방법이다. 잘못된 방식으로 화를 낼 경우 대부분의 부부 관계는 파탄이 온다.

남편의 행동에 화가 난 아내는 남편을 공격적으로 비판한다.

"양말 아무 데나 벗지 말라고 말했지! 당신 진짜 머리 나쁜 거 아냐?"

이러한 비판은 상대방을 부정하는 행위이며 상대방의 자존감을 바닥에 떨어뜨린다. 이윽고 남편은 바닥에 떨어진 자존감을 회복하기 위해 자신의 행동을 정당화하는 방법으로 아내를 깔보는 태도를 취한다. 아내는 아내대로 말싸움만큼은 지지 않으니 평소 남편의 생활을 비판하기 시작한다. 이 경우 대부분 남자는 불같이 화를 내곤 그 자리를 박차고 나간다. 이는 관계를 끝내는 지름길이다.

올바른 싸움법은 아내는 자신이 화가 났더라도 남편을 부정하는 말을 하지 말고 자신이 느낀 점을 그대로 말해야 한다.

"양말 아무 데나 벗어 놓지 말라고 했잖아. 당신 그럴 때마다 진짜 힘 빠지는 거 알아?"라는 식으로 자신이 느끼는 '슬프다'와 '불행하다'라는 감정을 그대로 전달한다.

남편은 자신의 행동을 정당화하지 말고 인정해야 한다.

4장 무너진 인간관계 개선하기

Tip

뉴런(neuron)과 인간관계

　신경세포 뉴런은 뇌 안에 그물처럼 이어져 네트워크를 형성하고 있는데, 사람이 나이가 들어감에 따라 뉴런도 차차 죽어 간다. 전에는 뉴런이 줄어들기만 할 뿐 재생하지는 않는다고 알려졌었는데, 최근에 뉴런이 새로 생겨나고 증가한다는 사실이 밝혀졌다. 뉴런이 늘어나면 중년과 노년의 나이에도 사고력이나 기억력이 향상될 가능성이 있다고 한다. 다양한 사람을 만나 관계를 맺으면 뉴런이 늘어난다고 하니 뉴런이 증가하는 데에 인간관계가 중요한 역할을 한다.
　좋고 싫음으로 사람을 가리지 않고 많은 사람과 만나면 뇌는 활성화한다. 특히 노년층은 은퇴와 동시에 사람과의 접촉이 줄어들면서 급속도로 몸과 마음이 늙는다. 타인과의 만남을 적극적으로 늘려 많이 대화하는 것이 바람직하다.

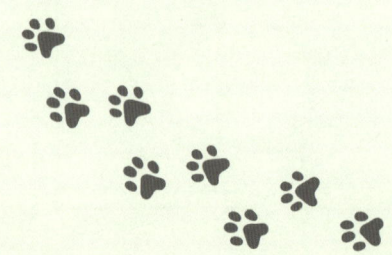

5장
직장에서 응용할 수 있는 심리학 테크닉

부하 직원 교육법과 협상하는 기술, 호감 가는 사람이 되는 방법 등 직장에서 바로 응용할 만한 심리 기법을 소개한다. 지금 직장 생활을 하는 사람은 물론이고 앞으로 직장 생활을 할 사람도 참고하기 바란다.

부하를 칭찬해 신뢰를 강화하자
피그말리온 효과(Pygmalion Effect)

부하 직원이나 후배를 교육할 때 칭찬해 주면 기어오르려 하고 꾸짖으면 회사를 그만둬 버릴지도 몰라 고민할 때가 있다. 각자의 성격에 따라 방법이 다르므로 일괄적으로 말할 수는 없지만, 심리학에서는 부하 직원이나 후배는 칭찬하며 가르치는 게 좋다고 한다.

심리학자 로버트 로젠탈(Robert Rosenthal)과 초등학교 교장 레노어 제이콥슨(Lenore Jacobson)은 초등학교 학생들을 대상으로 지능 검사를 실시했다. 담임교사에게 장래가 기대되는 학생을 예측하는 테스트라고 알린 다음, 학력과는 상관없이 무작위로 선별한 학생들을 전도유망한 학생이라고 공표했다. 그러자 일 년 후 무작위로 선택했던 아이들의 성적이 확연히 오르게 되었다. 이는 심리학자의 말을 믿은 교사가 선별된 아이들에게 기대를 걸고 칭찬했고, 아이들은 선생님의 기대에 부응하려고 열심히 공부했던 결과라고 추측할 수 있다. 사람은 기대가 담긴 칭찬을 받을수록 성장하는데 이것을 심리학에서는 '피그말리온 효과'라고 한다.

사람은 꾸지람을 들으면 당장에는 열심히 노력하지만 장기간에 걸친 노력의 동기부여로 작용하지는 못한다. 반대로 칭찬은 단기적인 효과는 미약하지만 열심히 하려는 동기를 오랫동안 지속시킨다.

부하 직원과의 술자리, 누가 쏠까?

회사 밖 커뮤니케이션

부하 직원이 권해서 술을 마셨다고 치자. 술값을 계산할 때 상사는 각자 부담하자고 말해야 할지 아니면 한턱내겠다고 말해야 할지 망설여진다.

한마디로 단정하기 어려운 문제다. 회사 내의 분위기나 평소 인간관계에 따라 각각 다르기 때문에 어떤 게 좋다고 단언할 수 없다.

보통의 경우 상사가 조금 더 내는 정도가 적당하지 않을까 한다. 부하 직원들의 술자리에 초대받았다는 사실은 상사로서 매우 기쁜 일이다. 그러나 상사가 2차나 3차까지 끼어들면 부하 직원들 입장에서는 불편한 자리가 된다. **1차에서만 적당히 자리를 빛내주고 그다음은 돌아가는 것이 좋다.** 그럴 경우 1차 술자리의 회비를 조금 더 많이 내거나 1차에서 똑같이 냈다면 2차 술값을 조금 두고 오는 정도가 적당할 듯하다. 우선 부하 직원들은 상사에게 미안한 마음이 들지 않아서 좋다. 상사 입장에서는 경제적으로 부담이 적고 부하 직원을 생각하는 마음도 보여 줄 수 있어서 기분 좋게 집으로 돌아갈 수 있다.

상대방의 마음을 움직이는 협상법 ①

풋 인 더 도어(Foot in the door) 테크닉

직장과 가정에서 응용할 수 있는 편리한 협상법을 소개하겠다. 먼저 간단한 협상 기술에 단계적으로 요청 사항의 수준을 높이는 방법이 있다.

예를 들어 처음에는 "이것 좀 도와주겠나?"라며 복사 등의 간단한 부탁을 한다. 누구나 간단한 부탁 정도는 가볍게 들어준다. 몰인정한 사람으로 보이고 싶진 않기 때문이다. 그래서 거절하지 못하고 "그러죠"라며 부탁을 들어줄 확률이 높다.

시간이 조금 흐르면 다음 단계로 "이것도 좀 부탁해"라며 조금 더 어려운 부탁을 한다. **상대방은 한번 부탁을 들어주었으므로 거절하기 어렵다. 그러므로 두 번째 부탁도 들어줄 확률이 높다.** 그렇게 세 번 네 번 반복하여 최종적으로 상당히 어려운 부탁도 단계적으로 들어주기 마련이다. 이것을 '풋 인 더 도어 테크닉'을 활용한 방법이다.

단계적 요청법인 풋 인 더 도어 테크닉은 영업 판매원이 "일단 이야기만이라도 들어보세요"라며 열린 문 사이로 발을 넣은 데에서 유래한 이름이다. 영업 판매원은 일단 설명을 시작하면 물건을 팔기 전까지 쉽사리 돌아가지 않는다.

5장 직장에서 응용할 수 있는 심리학 테크닉

상대방의 마음을 움직이는 협상법②
도어 인 더 페이스(Door in the face) 테크닉

거절당할 것을 전제로 한 협상법도 있다. 예를 들어 자동차 같은 비싼 물건을 살 때 사용하면 좋은 방법이다. 가족들과 의논할 때 자신이 사고 싶은 차량 모델이나 그보다 가격이 낮은 모델은 절대로 말하지 않고, 그보다 훨씬 비싼 모델을 제시하고 타진한다.

당연히 우리 집에 그런 여유가 어디 있느냐며 한 소리 들을지도 모른다. 거기서 타협하는 척하며 그보다 가격이 싼, 원래 사려던 모델을 요구하며 재협상에 들어간다.

상대방은 강한 어조로 반대한 것에 대해 마음 한구석에 미안한 마음이 있는 상태다. 그 마음이 가시기 전에 기회를 노려야 한다. 그러면 상대방은 미안한 마음과 부담이 덜한 조건에 "할 수 없지. 그래 알았어"라며 허락할 확률이 높다.

큰 부탁을 먼저 한 후 조건을 낮춰서 다시 제시한다. 타협안을 큰 폭으로 내려 효과를 최대화하는 것이 관건이다. 상대방이 '그렇게까지 안 내려도 되는데……'라는 생각이 들게끔 만들면 그 협상은 가닥이 잡힌다.

이것을 도어 인 더 페이스 테크닉, 이른바 양보적 요청법이라고 한다. 학생들을 대상으로 실시한 실험에서 무작정 부탁했을 때보다 이 협상법을 사용할 때 세 배나 더 효과적이라는 결과가 나왔다.

5장 직장에서 응용할 수 있는 심리학 테크닉

상대방의 마음을 움직이는 협상법③
복장도 전략이다

첫인상과 마찬가지로 외모는 협상에 있어 중요한 부분이다. 남성과 여성 모두 정장을 제대로 갖춰 입고 협상에 임하는 것이 좋다. 이는 외모로 인상을 좋게 보이는 것보다는 '권위에 대한 복종'이라는 심리 효과를 노리기 위해서다. 사람은 권위의 이미지에 매우 약하다. 상대방의 외모에서 권위가 느껴지면 그 사람의 의견은 믿을 만하다고 판단하여 그의 말에 따라야 마땅하다고 생각한다.

그러므로 협상에서는 좀 더 권위 있어 보이도록 어두운 계열의 정장을 입으면 효과적이다. **검은색 계통의 색은 상대방에게 자신의 힘을 느끼게 하는 색으로 설득력을 높이는 심리 효과가 있다.**

받아들이기 힘든 내용을 협상해야 하는 입장이라도 검은색 계통의 옷을 입고 협상에 임하면 좋다. 검은색은 위압적인 분위기를 풍기고 동시에 자신의 감정을 숨기는 효과도 있다. 상대방이 곧잘 고압적인 태도를 취하는 유형이라면 청색 계통의 옷을 입도록 하자. 청색 계열의 옷은 상대방에게 냉정함을 유지하게 만드는 효과가 있다.

상대방의 마음을 움직이는 협상법 ④
협상을 성공으로 이끄는 대화법

양면제시 전략

협상의 내용에 따라서 장단점을 설명해야 하는 경우, 장점만을 강조하는 편면제시법과 단점도 함께 제시하는 양면제시법이 있다. 협상을 많이 해 봤거나 현명한 사람은 편면제시에 불신감을 갖는 경향이 있다. 이러한 상대방에게는 처음부터 양면제시로 자신의 진지한 태도를 표현하는 것이 좋다.

제한 시간 전략

기한을 정하지 않고 "한번 생각해 보세요"라고 모호하게 말한 채 협상 장소를 나오면 상대방은 고민만 하다가 결론을 내리지 못하는 경우가 있다. '오늘 중으로 결정해 주시지 않을 경우에는 유감스럽지만 조건을 백지화하겠습니다'라고 확실하게 말해야 한다. 상대방은 현재의 조건이 낫다는 심리가 작용하기 때문에 제한 시간 전략은 상당히 효과적인 협상법이다.

상품 부가 전략

결정을 내리지 못하고 고민하는 상대방에게 부가 혜택을 주는 방법도 있다. 흔히 홈쇼핑 등에서 쓰는 '지금 구입하시면 ○○도 함께 드립니다'라고 다른 상품을 추가로 주는 이른바 덤 끼워주기 전략이다.

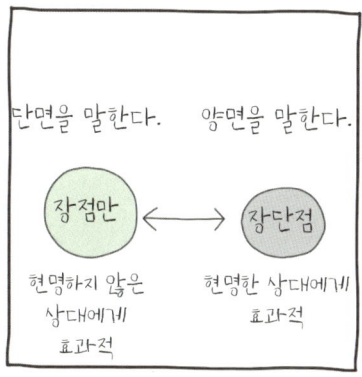

사랑받는 사람이 되자

상대방이 마음 편하게 장난을 거는 사람이 되자

심리학자 나이토 요시히토는 자신의 저서 《저 사람 왠지 좋다》에서 사람들이 장난을 걸기 쉬운 사람이 되라고 권장한다. 남들이 당신에게 장난을 거는 이유는 당신을 좋아하기 때문이다.

'그건 그 사람의 성격이 그러니까 그렇지. 난 그런 인물이 못 돼'라고 생각하는 사람들도 적지 않다. 성격이 밝고 사교적인 사람이 사랑받기 쉬운 것은 분명하다. 그러나 **성격은 얼마든지 바꿀 수 있으며 스스로 조절할 수도 있다.** 언제나 그렇게 되고자 하는 의지가 중요하다.

사람들이 쉽게 장난을 걸어오는 사람이 되려면 우선 상대방이 장난을 쳐도 절대로 화를 내서는 안 된다. 표정도 마찬가지다. 그저 웃으면서 받아쳐야 한다. 서툴면 서투른 대로 그 나름의 애교가 있어서 좋다. 웃는 얼굴로 반응을 보이는 것이 중요하다. 반대로 장난을 걸어온 상대방을 놀리며 받아치는 대응도 좋다. 자신의 껍데기를 깨고 반응을 보여라. 한결 좋아진 분위기를 실감할 것이다.

사랑받는 사람이 되자
자신의 실수담을 이용하자

　자신의 실수담은 나와 상대방의 사이를 가깝게 만드는 좋은 도구다. 사람은 누구나 타인이 자신을 '멋지다'라거나 '근사하다' 또는 '가치 있는 존재'라고 인식하기를 원한다.

　자신의 실수담을 타인에게 밝히는 건 아무래도 거부감이 들지만 이만큼 즐겁고 악의 없는 소재도 없다. 이를테면 "지하철 문이 닫힌다는 안내방송이 들리더라고. 계단을 전속력으로 질주해 지하철로 뛰어들었지. '아, 다행이다'라고 생각했는데 알고 보니 반대 방향이었지 뭐야" 같은 재미있는 실수담을 이야기한다. 거기에 당시의 분위기를 살려 유쾌하게 터놓는 연습을 해 보자.

　이것은 단순히 웃기는 이야깃거리를 공유하는 데 그치지 않고 나는 실수를 저지르는 귀여운 존재라는 것을 상대방에게 어필하여 친근감을 느끼게 하는 이점이 있다.

　평상시의 실수를 창피하다며 부끄러워하지 말고 하나의 이야기 소재를 수집하듯 자신의 실수담에 시야를 넓혀 '이거 이야기하면 재밌겠는데'라며 긍정적으로 수용하기 바란다.

사람의 마음을 움직이는 데 중요한 것은 신뢰다
인간관계에서 가장 중요한 것은 신뢰 관계

일은 혼자서 할 수 없다. 동료들과 적절한 연대를 하지 않으면 아무리 뛰어난 사람일지라도 쉽지 않다. 그렇다면 어떻게 하면 사람의 마음을 움직일 수 있을까?

이를테면 까다로운 상사가 두 눈을 부릅뜨고 사원들에게 업무 할당을 하고 계속 몰아세워 일을 시킨다고 하자. 사원들은 불같은 성미의 상사가 언제 폭발할지 몰라 공포감에 휩싸여 열심히 일할 것이다. 이런 방식으로는 동기부여가 오래가지 못한다. 결국 사원들은 정신적으로 피폐해져서 한 명 두 명 퇴사하고 이 회사는 항상 인재 부족 현상에 허덕이게 될 것이다. 결국 진정으로 사람의 마음을 움직이는 것은 신뢰 관계다.

사람은 마음 깊이 상대방을 믿고 의지하는 상호 신뢰 관계가 성립되어야만 쉽게 마음을 움직일 수 있다. 신뢰 관계가 형성되면 굳이 부탁하지 않아도 먼저 알아서 움직여 주기도 한다. '그 상사를 위해서 최고로 좋은 상품을 만들자'라든가 '팀원 모두가 기뻐하는 얼굴을 보고 싶다'라는 마음과 의지가 생긴다. 이것이 백전불태가 아니고 무엇이겠는가? 신뢰 관계는 회사 내의 부서에만 국한되지 않는다. 거래처도 마찬가지로 담당자를 기쁘게 하려는 마음이 결국 상대방의 마음을 움직인다.

5장 직장에서 응용할 수 있는 심리학 테크닉

맺음말

인간은 누구나 자신을 가장 소중히 여긴다. 자신의 이익을 지키려고 행동하는 합리적인 동물이라 사람과 사람이 만나면 필연적으로 다양한 문제가 발생한다.

하지만 집단생활을 하는 이상 상대방을 중요하게 생각해야 한다. 그렇지 않으면 집단생활은 성립되지 않는다. 상대방에 대한 배려는 결국 자신을 위한 일로 이어진다.

모든 타인이 내 '스승'이 될 수 있다.

어떤 사람이라도 내가 갖고 있지 않은 훌륭한 부분을 적어도 하나는 갖고 있다. 사람의 장점을 보려는 시선으로, 한 사람을 만나면 그 사람의 좋은 점을 적어도 한 가지는 배우려고 노력하자. 상대방을 잘 살펴보면 싫은 사람에게서 의외로 큰 교훈을 얻는 경우도 있다. 상대방을 가볍게 볼 경우 인간관계는 거기서 멈춰 버리고 좋은 관계로 발전하지 못한다.

많은 것을 알려 주는 상대방에게는 당연히 예의를 갖춰야 한다. 결과적으로 감사의 마음을 표현하는 태도와 상대방을 기쁘게 하려는 행동이 더 나은 인간관계를 만들어 낸다.

이 책에서는 심리학을 중심으로 기타 학술적 관점을 합하여 좋은 인간관계를 위한 방법을 소개하였다. 특히 상대방이 느끼는 감정과 상대방의 시선을 중점적으로 다루고자 했다. 인간관계의 원점은 상대방이 무엇을 느끼고 어떤 감정을 가졌는지를 살피고 이를 좋은 감정으로 이끄는 데에 있다. 표면적인 말에 휘둘리기보다는 좀 더 상대방의 감정, 즉 본심을 자세히 살펴봐야 한다.

우리는 상대방의 말에 상처받기도 한다. 그러나 의사소통 방식에서 말은 진심을 오롯이 담지 못한다. 따라서 말에 집착하지 말고 상대방의 얼굴과 행동 등의 정보를 능숙하게 파악하여 상대방의 본마음을 이해해야 한다.

자신의 감정도 중요하지만, 상대방의 감정도 중요하게 여겨야 한다. 반대로 상대방의 감정도 중요하지만, 자신의 감정도 중요하게 여겨야 한다.

상대방의 감정을 중요하게 여기면 그것이 자신에게도 기분 좋은 일이 되어 돌아온다. 좀 더 상대방을 살펴보고 그 사람의 마음을 헤아려 주면 어떨까?

좋은 인간관계는 이해의 토대 위에 형성된다. 자신의 모습을 비춰 보며 편안한 마음으로 읽어 보기 바라며, 자신을 바꾸는 데에 이 책이 조금이나마 도움이 된다면 더할 나위 없는 기쁨이다.

포포 포로덕션

만화로 아는 인간관계 심리학

펴낸날	초판 1쇄 2020년 9월 14일
지은이	포포 포로덕션
옮긴이	이국명
펴낸이	김은정
펴낸곳	봄이아트북스
출판등록	제406-251002019000142호
주 소	경기도 파주시 재두루미길 70 페레그린빌딩 308호
전 화	070-8800-0156
팩 스	031-935-0156
ISBN	979-11-6615-058-6　03180

이 도서의 국립중앙도서관 출판예정도서목록(CIP)은 서지정보유통지원시스템 홈페이지(http://seoji.nl.go.kr)와 국가자료종합목록 구축시스템(http://kolis-net.nl.go.kr)에서 이용하실 수 있습니다.
(CIP제어번호: CIP2020036575)

· 책값은 뒤표지에 있습니다.
· 잘못 만들어진 책은 구입처에서 교환해 드립니다.